알록달록 페이스 페인팅 기초

권은희 · 김재숙 · 김희선 · 박명숙 · 유한진 · 조현옥 · 채미라 공저

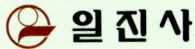
일진사

추천사 · 저자소개

페이스페인팅에 대한 수요가 점점 늘어감에 따라 그에 따른 교육 욕구도 높아지고 있습니다. 하지만 페이스페인팅의 기초 교육에 필요한 서적은 몇 안되는 것이 현실입니다.

이에 (사)국제파티예술문화협회에서는 「페이스페인팅Ⅰ」 이후에 페이스페인팅 기본 과정을 위한 책을 펴내게 되었습니다. 이 책은 지부장, 강사님들 모두가 바라고 있던 교재로 페이스페인팅 기본 교육에 꼭 필요한 길잡이가 되어줄 것을 믿어 의심치 않습니다.

그동안 이 책이 나오기까지 애써 주신 회장님과 지부장님들, 그리고 강사님들의 노력과 흘린 땀방울을 알기에 더욱 큰 기대를 가져봅니다.

여러분들의 노력으로 펴낸 이 책이 페이스페인팅 교육은 물론 협회가 더욱 발전하는 계기가 되기를 바랍니다.

송민수
(사)국제파티예술문화협회 페이스페인팅 분과위원장

유한진
(사)국제파티예술문화협회 동대문 지부장 / 유한진의 행복한 세상 대표
북한 금강산호텔 장식 / 피스컵코리아 페이스페인팅 진행 / 일본 오사카 팬스타 크루즈 MC
동물원 콘서트 MC / 유진박 콘서트 MC / 워커힐호텔 애스톤하우스 파티장식 / 조선호텔 파티장식
북한 해금강해수욕장 타투, 페페 진행 / 토마토축제 진행
이메일 : happyrec@paran.com

채미라
(사)국제파티예술문화협회 전주 지부장 / 페이스페인팅나라 대표
전주 세계소리축제 페이스페인팅 진행 / MBC 페이스페인팅 행사 / 전북대학교 평생교육원 전임강사
현 서원평생교육원 페페 강사 / 김제 홈플러스 페페 강사 / 2006 벤처중소기업박람회 담당
이메일 : mira7762@nate.com

김재숙
(사)국제파티예술문화협회 부산 지부장 / 벌룬투데이 부산점 대표
국민체육진흥공단 풍선 페페 강사 / 가락문화재 행사 진행 / 부산가족영화축제 행사 진행
부산 북부경찰서 풍선아트 강의
이메일 : buja1004@korea.com

권은희
(사)파티예술문화협회 1급강사 / 대명루첸 모델하우스 오픈행사
계양소방서 그리기대회 페이스페인팅 행사 / 작은사랑회 페페 행사 / SBS '우리가 바꾸는 세상' 촬영
용산 드림랜드 월드컵 페인팅 / 서초노인복지회관 페인팅 강의
이메일 : happy1177155400@hanmail.com

박명숙
(사)국제파티예술문화협회 전문위원, 협회 1급강사 / 코엑스 국제관광전 바디페인팅 행사
청소년 항공하늘축제 페인팅 / 하남동부중학교 CA강사 / MBC '함께 걸어요' 장애인의 날 행사
서울상공회의소 송년의 밤 페인팅 / SBS '우리가 바꾸는 세상' 촬영 / 양주 전통문화 축제 페인팅 행사
이메일 : lili7171@naver.com

조현옥
(사)국제파티예술문화협회 전임강사 / 조현옥과 함께하는 풍선파티 대표
imbc.com 방송출연(템퍼러리 타투) / KTX 바로타 페페 행사 / 에버랜드 어린이날 행사
PSA아카데미 페페 행사 / 메리어트호텔 할로윈 행사 / 안산 절망성 축제 행사
이메일 : cho3900@naver.com

김희선
두레마을 자연유치원 원장 / (사)국제파티예술문화협회 지부전임 강사
두레마을 자연유치원은 바른 인성 교육과 21세기 세계화를 꿈꾸는 아이들의 창의성 개발에 중점을 둔
현장 중심의 자연친화적인 교육을 지향한다.

추천사 · 저자소개　02
차례　04
페이스페인팅 시작하기　06
페이스페인팅 재료　08
페이스페인팅 기법　12
혼색과 색상　15
페이스페인팅 스케치　16

1 칙아트 기본도안　19

기본 꽃 | 귀여운 잠자리 | 반달 꽃게
빨간 앵두 | 두근두근 하트 | 하늘을 날아 풍선
별과 무지개 | 내친구 달팽이 | 맛있는 사탕
시원한 열대어 | 우아한 백조 | 꿈틀꿈틀 애벌레
재주많은 돌고래 | 욕심쟁이 뱀 | 당근먹는 토끼
숲속의 거미 | 핑크빛 나비 | 단아한 국화꽃
복슬 강아지 | 휘날리는 태극기 | 화이팅 축구공
달콤한 케이크 | 날아라 로켓 | ♬♪♪악보 | 알록달록 오징어

2 칙아트 응용도안　45

탐스러운 사과 | 달콤한 복숭아 | 시원한 수박
투톤 꽃 | 동그란 해바라기 | 환상의 데이지
화려한 장미 | 삐약삐약 병아리 | 얼음왕자 펭귄
귀여운 공룡 | 야옹 고양이 | 사랑의 유니콘
어흥 사자 | 승천하는 용 | 귀염둥이 꿀벌
귀여운 곰돌이 | 블랙 전갈 | 화려한 나비
바다의 왕자 돌고래 | 익살스런 상어 | 개구장이 내동생

예쁜 고양이 | 귀여운 강아지 | 재미있는 토끼
깜찍한 쥐 | 기도하는 촛불 | 길 잃은 양

3 시즌파티 & 파티페인팅　　73

파티 페인팅 하나 | 파티 페인팅 둘 | 판타지 하나
판타지 둘 | 판타지 셋 | 부분 분장 토끼
부분 분장 표범 | 크리스마스 눈사람 | 크리스마스 케인
할로윈 박쥐 | 할로윈 호박

4 페이스페인팅 활용 & 레인보우타투　　85

트라이벌 연꽃 | 핸드페인팅 달팽이 | 핸드페인팅 상어
스펀지 활용 곰돌이 | 전체 분장 삐에로 | 글자 레드데블
스텐실 장미 | 레인보우 타투 | 펄 타투

5 페이스페인팅 갤러리　　95

포토갤러리 / 곤충 · 응원 페인팅
포토갤러리 / 꽃 · 과일 페인팅
포토갤러리 / 할로윈 · 크리스마스
포토갤러리 / 캐릭터 · 바다동물
포토갤러리 / 부분분장 · 파티페인팅
포토갤러리 / 핸드페인팅 외
포토갤러리 / 템퍼러리 타투 외

페이스페인팅 시작하기

페이스페인팅이란?

 페이스페인팅이란 얼굴이나 어깨 등 신체의 일부에 전문 재료를 사용해 그림 그리는 것을 통칭하는 것으로 각종 이벤트나 축제 등에서 주로 쓰이고 있다. 2000년 전후 대중들에게 알려지기 시작하여 2002년 월드컵을 기점으로 폭발적인 관심을 끌어 지금은 파티나 축제, 대형 이벤트 등에서 남녀노소 누구나 즐겨 찾는 아이템이 되었다.

 페이스페인팅은 작업 시간이 비교적 짧은 편이라 정해진 시간 내에 많은 사람들에게 서비스할 수 있다는 것이 큰 장점이다.

페이스페인팅의 필요성

★ 행사 참여자들에게 능동적인 참여를 유도한다.
★ 참여자들에게 일체감을 준다.
★ 파티의 흥미를 고조시킨다.
★ 아동의 상상력 발달에 도움을 준다.

페이스페인팅의 종류

페이스페인팅 : 칙 아트(cheek art), 환타지(fantasy), 전체 분장(full face) 등
핸드페인팅(hand painting) : 손바닥, 손등, 손가락 등 손 위에 그려진 그림
풋페인팅(foot painting) : 발바닥, 발등, 발가락 등 발 위에 그려진 그림
에어브러시(air brush) : 콤푸레샤를 연결해서 에어브러시로 미세한 물감의 입자를 뿜어내어 그리는 페인팅으로 간단하고 빠른 완성을 위해서 주로 스텐실 기법을 사용한다.
※ **스텐실 기법(stencil)** : 구멍이 뚫린 판을 대고 붓이나 스펀지를 이용하여 구멍을 메운 후에 판을 떼어낸다. 주로 같은 도안을 계속 사용해야 하는 행사에 쓰인다.

주의사항

1 틀린 부분은 휴지나 면봉으로 닦아내지 말고 그 상태에서 수정할 수 있도록 한다.
2 무독성의 물감을 사용하며, 아이들이 삼키지 않도록 주의한다.
3 3세 이하의 유아들에게는 사용하지 말도록 권장하며 물감이나 조각들을 삼킬 수 있으니 보호자에게 각별히 주의를 요구한다.
4 상처 부위나 눈 주위에는 직접 닿지 않도록 하며 특히 반짝이나 빨간색 물감을 눈 주위에 사용하지 않도록 한다.
5 물감은 차고 건조한 곳에 보관하며 개봉 후 6개월 이내에 사용하도록 한다.
6 피부에 알레르기가 있는 사람은 사용하지 말고 예민한 피부의 경우는 팔꿈치 안쪽에 약간 칠한 후 60분 이내에 예민 반응이 일어나는지 살핀 다음 그림을 그리도록 한다.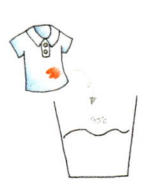
7 물감이 옷에 묻었을 경우 즉시 중성세제를 사용하여 따뜻한 물로 세탁한다.

페이스페인팅 그리는 방법

1 한 손으로 모델의 머리를 잡아 고정시키고 다른 한 손으로 그림을 그린다.
2 전체적으로 면이 넓은 바탕색은 촉촉한 스폰지로 칠한다.
3 밝고 옅은 색을 먼저 칠하고 어둡고 짙은 색을 나중에 칠한다.
4 어린아이들은 집중시간이 짧으므로 디자인은 간단한 것을 사용하는 것이 좋다.
5 색을 좀 더 짙게 칠하려면 한번 칠하고 마른 후에 그 위에 같은 색을 다시 한번 더 칠하도록 한다.

페이스페인팅을 빨리 그리는 노하우 5가지

   페이스페인팅이 필요한 행사에 나가게 되면 그림 그리는 실력도 중요하겠지만 무엇보다 중요한 것이 속도이다. 그러므로 대상자가 많은 경우에는 그림의 수준이나 그리는 이의 실력보다는 속도가 우선되어야 한다.
보통의 경우 여자아이는 꽃과 하트, 남자아이는 전갈이나 거미를 그려주면 좋아한다. 행사의 내용이나 목적, 그림 그릴 대상의 특성을 파악하여 그리는데, 실제 작업 속도는 30초 이내에 끝내는 것이 좋다.

1 **디자인을 단순화 한다. 원 삼각형 사각형 등… 간단히 시작한다.**
   (동물 얼굴이라든가 과일 같은 경우엔 원으로, 비행기, 우산은 삼각형)
2 **그림이 서툴러도 특징만 살리면 알아볼 수 있다.**
   (사자는 멋진 머리털, 토끼는 긴 귀, 기린은 긴 목과 무늬 등)
3 **색은 가능한 적게 쓴다.**
   2~3가지 색으로 그림을 완성하고 무브먼트 기법 또는 오팔펄 등으로 마무리를 한다. (무브먼트는 그림을 재미있고 돋보이게 하고, 오팔펄이나 글리터젤 등은 반짝이는 효과로 화려함을 원할 때 효과적이다.)
4 **여러 개의 붓을 사용한다.**
   여러 개의 붓을 사용하는데, 붓에 색을 묻혔다면 그 색이 필요한 부분은 다 칠하고 붓을 씻도록 한다.
   (한 개의 붓을 사용해서 계속 씻고 다시 칠하고 하면 시간이 더 걸릴 뿐 아니라 붓에 색이 남아서 예쁘게 그려지지 않는다. 때문에 사용하는 색깔별로 붓을 준비하면 씻는 시간과 작업하는 시간이 훨씬 단축된다.)
5 **스펀지나 오팔펄, 글리터젤 등의 다른 재료와 도구를 사용한다.**
   점하나만 찍더라도 반짝이 풀과 가루를 뿌려준다면 훨씬 멋진 결과물을 얻을 수 있다. (붓으로 칠하기에 넓은 면적을 칠할 때 스펀지를 사용하면 간편하면서 빠르게 작업할 수 있다.)

페이스페인팅 재료

수성물감(Aqua)

▶ **물감의 종류**

액체타입 : 젤 상태의 액체로 붓에 물을 약간 묻힌 후 바로 물감을 찍어 사용한다. 이 물감은 고체타입이나 유성 물감에 비해 발색력이 우수하고 혼색를 함으로써 여러 가지 색을 만들기 쉽다. 하지만 고체물감에 비해 마르는 시간이 많이 걸리므로 그림이 지워지거나 빠른 작업 또는 반짝이 젤을 사용할 경우 번지는 경우가 많다. 또한 색에 따라 원래 피부색이 드러나 보이는 경우가 있으므로 작업 시 주의해야 한다.

고체타입 : 물을 첨가하지 않았을 때 딱딱한 고체형으로 붓에 물을 듬뿍 묻혀 물감 위에서 잘 저어 용해시켜 사용하는 물감으로 빨리 마르고 오래 쓸 수 있고 사용량이 많아 경제적이나 색이 연하고 땀에 잘 지워지고 덧칠을 할 때 색이 섞이는 단점이 있다.

특수목적용 물감 : 야광 물감 - 특수 소재의 발광용 가루를 섞어서 만든 피부사용 물감으로 UV광인 블랙나이트에서만 발광하는 특수한 물감이다.

형광색 물감 - 일반 조명이나 자연광 아래 물감의 색깔이 빛이 나서 형광색처럼 보인다.

▶ **물감의 특성**

장점 : 유성타입 물감처럼 파우더 처리가 필요없다. 가격이 저렴하다. 원하는 색을 혼합하여 사용할 수 있다. 물에 쉽게 지워지므로 수정이 쉽고, 수채화 물감처럼 사용이 편하다.

단점 : 땀과 물에 잘 지워지고, 장시간 색상 유지가 어렵다. 두껍게 바를 때 피부 움직임에 따라 갈라진다. 덧칠이 어렵다.

스나자루 점보레인보우 팔레트 8색

페페 수성 액체물감 10mL 6색

스나자루 레인보우 팔레트 8색

페페 수성 액체물감 10mL 6색(펄)

J/X 수성 고체 팔레트 12색

J/X 수성 고체 27g 낱색

LYRA 색연필형 페이스페인팅 6색

fas 수성 액체물감 75mL 낱색

fas 수성 액체물감 30mL 6색

유성물감(Creamy)

유성물감은 피부에 바른 후 오랜 시간이 지나도 갈라지지 않고 발색력이 우수하며 그라데이션이 쉽고, 화장품과 같은 형태의 재료를 사용하기 때문에 립스틱이나 화장펜 등을 같이 사용할 수 있지만 색이 마르지 않으므로 나중에 얼굴을 부비면 번지게 되고 물감을 바른 후 번들거림이 있어 투명 파우더 처리를 하거나 색상을 바꿀 때마다 따로 파우더 처리를 해야 하는 번거로움과 세안 시 클렌징크림이나 별도의 세안용 화장품을 사용해야 한다.

▶ 물감의 특성

장점 : 땀과 물에 잘 지워지지 않는다. 장시간 지속성이 좋다. 채색 후 갈라짐이 없다.
단점 : 수성에 비해 가격이 비싸다. 번들거림이 있어 파우더 처리를 해야 한다. 지울 때에는 클렌징크림을 사용하는 번거로움이 있다.

J/X 유성 고체 팔레트 12색

끌레아트락 유성 고체 15mL 낱색

제니스 유성 고체 팔레트 9색

반짝이(Glitter)

페이스페인팅을 하고 난 후 반짝이를 사용하면 그림이 고급스럽고 세련된 느낌을 준다. 그러나 너무 많이 사용하면 역효과를 낼 수 있으므로 많이 경험해 보거나 연습을 통해 효과적인 부분에 반짝이를 사용하거나 디자인에 따른 적당한 수준의 사용이 요구된다.

▶반짝이의 종류

젤타입 반짝이 : 튜브형으로 되어 있고 가는 선을 그리기도 쉽고 원하는 포인트에 부분적으로 사용하기 매우 편리하다. 여러 가지 색으로 구성되어 있으며 보관이나 사용이 편리하여 대부분의 페이스페인팅 전문가들은 이 젤타입의 반짝이를 선호하고 있다.

가루타입 반짝이 : 폴리에스테르 재질의 가루로 그 자체가 상품인 것으로 수성물감이나 유성물감으로 그림을 그린 후 부분적으로나 전체적으로 고르게 조금씩 뿌려 강조와 고급스런 느낌을 주는데 주로 사용되며 템퍼러리타투인 레인보우타투에도 사용되나 가루가 날리는 단점이 있어 눈 주위에는 사용하지 않도록 주의한다.

레인보우 가루 반짝이

제니스 글리터젤 36mL 낱색

지나 오팔펄 세트 (5pcs)

기타 재료

스펀지, 크리스털큐빅, 스팽글, 면봉, 물통, 팔레트, 손거울, 물티슈, 스피릿검, 펄타투, 레인보우타투 등

스펀지와 붓 사용법

스펀지와 사용법

스펀지의 장점

스펀지는 붓으로 칠하기에 좀 넓은 면적을 채워야 할 때 주로 쓰는 것이다. 동물 분장 같은 풀 페이스(Full Face) 작업을 할 때는 넓은 면적을 모두 붓으로 칠하기엔 다소 부담스럽기 때문이다.

스펀지 사용하기

★ **고체물감** – 스펀지에 물을 약간 묻힌 다음 물감을 묻힌다.
　　　　　　(물감이 스펀지에 묻어나게 하기 위함이므로 물을 아주 조금만 묻힌다.)

★ **액체물감** – 스펀지에 바로 물감을 조금 묻힌다. 원형 스펀지를 그냥 사용하든지 반으로 잘라서 각을 만들어 　　　　　　사용해도 된다.

붓과 사용법

붓의 종류

둥근붓 · 세필붓 1~2호 : 네두리 및 얇은 라인 작업을 할 때 사용
　　　　　　　　3~5호 : 가장 많이 사용하는 기본적인 붓
　　　　　　　　6호 이상 : 넓은 면이나 굵은 선을 칠할 때 사용
평붓(납작붓) : 바탕이나 넓은 면을 칠할 때 사용
납작원형붓 : 평붓과 같은 용도로 쓰이나 모서리의 각이 없어 원형 느낌을
　　　　　　　표현할 때 사용

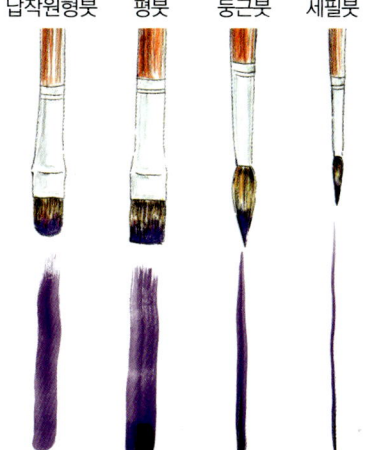

붓의 사용법

　붓은 볼펜이나 연필과 달라서 붓에 가해지는 압력에 따라 다양한 굵기의 선이 나오게 된다. 같은 호수의 붓이라도 압력에 따라 아주 가는 선을 그릴 수도 있고 굵은 선을 그릴 수도 있다. 붓을 자유롭게 사용하기 위해서는 먼저 붓에 어느 정도의 압력이 가해질 때 가장 편안하고 좋은 선이 나오는가를 테스트하고 부단한 연습을 하는 것이 필요하다.

　붓으로 라인을 그릴 때의 가장 중요한 점은 쉬지 말고 한번에 그리는 데에 있다. 또한 붓에 가해지는 힘이 일정할수록 굵기가 일정한 선이 나오게 되며 붓의 모(毛)가 향하는 방향과 선의 진행 방향이 일치해야 좋은 선이 나온다. 이러한 활용법은 주로 둥근붓이나 세필붓을 사용하는 방법으로 넓은 면을 칠해야 하는 때에는 적합하지 않다. 둥근붓은 붓이 지나간 자리를 심하게 남기므로 면을 채워야 할 때는 평붓(납작붓)을 사용하도록 하며 꽃잎이나 면이 넓고 모서리가 둥근 곳을 칠할 때는 납작원형붓을 사용하도록 한다.

붓의 보관법

- 붓을 사용한 후에는 깨끗이 세척해서 보관한다.
- 물감이 묻은 상태로 보관하면 붓의 수명이 짧아지게 된다.
- 붓 모(毛)를 바르게 정돈하여 보관한다.
- 주기적으로 붓을 미지근한 물에 비누로 세척하는 것이 좋다.
- 비좁은 장소에 보관하지 않는다.
- 장기간 사용하지 않을 경우 서늘하고 통풍이 잘 되는 곳에 건조시켜 보관한다.

페이스페인팅 기법

물방울 기법
둥근 붓을 익숙하게 하는데 가장 좋은 기법으로 꽃잎, 잠자리 날개 등을 표현할 때 많이 쓰인다.

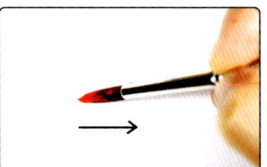
1 붓에 물감을 적당히 묻힌다.

2 붓끝을 세워서 점을 찍듯이 붓의 뿌리 부분을 눌러준다.

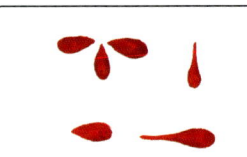
3 누르는 강도에 따라 물방울의 크기와 모양이 달라지게 된다.

투톤 기법
두 가지 색을 한번에 나타내고자 할 때 사용되는 기법이다.

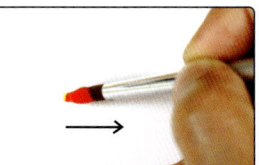
1 둥근 붓에 2/3정도 물감을 묻힌 후 붓끝에 다른 색 물감을 살짝 찍는다.

2 붓에 적당한 힘을 주어서 꽃잎을 표현한다.

3 한번에 두 가지 색이 나타나도록 그린다.

C자 기법
붓을 이용해 C자 모양을 그리는 방법으로 꽃처럼 부드러운 느낌을 표현할 때 사용한다.

1 붓끝이 수평이 되도록 잡는다.

2 C자 모양으로 그린다.

3 C자 모양의 처음 부분은 조금씩 힘을 주고, 중간 부분은 반대로 천천히 힘을 빼면서 그린다.

S자 기법
평붓이나 둥근붓을 이용하여 S자 모양을 그리는 기법으로 다양한 무늬를 그릴 때 사용한다.

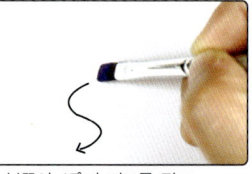
1 붓끝이 45°가 되도록 잡고 비스듬히 왼쪽으로 미끄러지듯이 그린다.

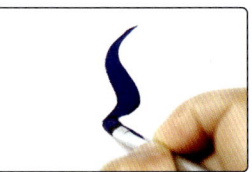
2 S자 모양의 가운데 부분이 가장 두껍게 되도록 하면서 그린다.

3 여러 방향으로 S자 모양을 그려서 사용한다.

말아 그리기 기법
붓끝이 많이 휘어지지 않도록 힘을 가해 두께가 일정하도록 하면서 원을 그리듯 여러 번 돌려 그린다.(달팽이집, 해 등)

1 중심이 되는 부분에서 시작한다.

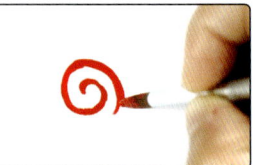
2 바깥 쪽으로 점점 크게 그려 나간다.

3 다양한 형태로 응용할 수 있다.

원 그리기 기법

외곽선으로 사용하는 원은 일정한 힘으로 굵기의 변화 없이 그려야 한다. 동전을 피부에 눌러 찍힌 모양을 따라 연습한다.

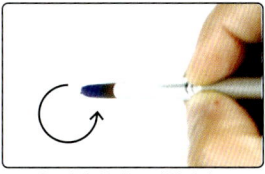
1 붓을 세워 원하는 방향에서 시작한다.

2 모양이 찌그러지지 않도록 주의하여 그린다.

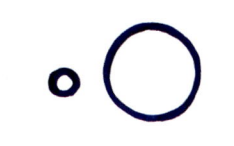
3 외곽선으로 사용할 경우 힘을 일정하게 가해 굵기의 변화 없이 그리는 것이 효과적이다.

곡선 그리기 기법

붓의 모 부분이 그림을 그리는 방향으로 향해 있을 때 가장 자연스럽게 그릴 수 있다. 멈추지 않고 한번에 그리는 연습을 한다.

1 붓의 모 부분이 그림을 그리는 방향으로 향하게 잡는다.

2 다양한 방향으로 그려본다.

3 멈추지 말고 한번에 그려야 자연스런 곡선이 나온다.

쉼표 기법

평붓, 둥근붓으로 붓에 물감을 묻혀 위에서 아래쪽으로 힘을 빼면서 눌러 빼는 기법이다.

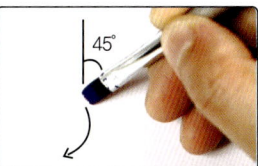
1 붓에 물감을 묻히고 붓끝을 45°가 되게 잡는다.

2 천천히 아래로 커브를 만들며 그리는데 약간 비스듬히 들어 올리는 기분으로 그린다.

3 원하는 방향으로 길이를 조절하여 표현한다.

그라데이션 기법

두 가지 색의 물감을 사용하여 입체감을 나타낼 때 사용하는 기법이다.

1 평붓의 양쪽 끝에 서로 다른 색의 물감을 묻히도록 한다.

2 붓끝을 비스듬히 한 후 형태를 그린다.

3 두 가지 색이 자연스럽게 그라데이션이 되도록 표현한다.

점찍기

붓의 뒷부분을 이용하여 점을 찍는다. 꽃 수술, 잠자리 몸통 등에 사용한다.

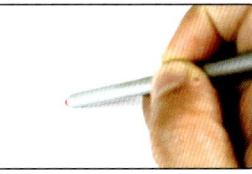
1 붓의 뒷부분에 물감을 묻힌다.

2 원하는 부분에 점을 찍는다.

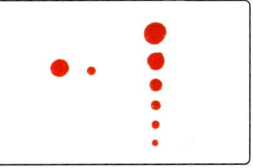
3 물감의 양과 누르는 강도에 따라 점에 크기가 달라진다.

페이스페인팅 기법

하이라이트 기법
완성된 그림의 특정 부분을 강조할 때 사용하는 기법으로 보통 명암의 차이를 표현해 주는데 주로 사용된다.

1 기본 형태의 그림을 그린다.

2 둥근붓에 흰색을 묻혀 안쪽으로 형태에 따라 선을 그린다.

3 그림에 입체적 느낌이 나도록 표현한다.

스프링 기법
꽃, 넝쿨, 잠자리의 날아가는 모습 등을 표현할 때 사용하는 기법으로 스프링 모양으로 그리는 방법이다.

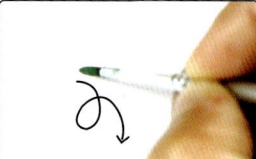
1 둥근붓에 적당히 물감을 묻힌다.

2 붓을 세워서 다양한 방향으로 자연스럽게 돌려준다.

3 끝을 가늘게 빼주면 더욱 효과적이다.

스펀지 기법
넓은 면적을 빠른 시간에 칠하거나 원하는 부분을 좀 더 부드럽게 표현하고자 할 때 사용한다. (막대사탕, 달팽이, 집 등)

1 스펀지에 물을 흠뻑 묻힌 후 꼭 짠다.

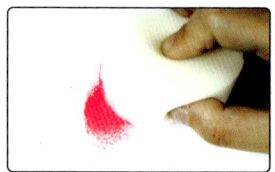
2 스펀지에 물감을 묻힌다.

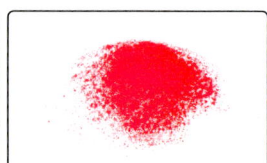
3 표현하고자 하는 부분에 두드리듯 색을 채워 표현한다.

직선 그리기 기법
처음과 끝의 굵기가 동일한 직선은 외곽선이나 라인을 강조할 때 적당하다. 서서히 힘을 빼면 자연스러운 라인이 된다.

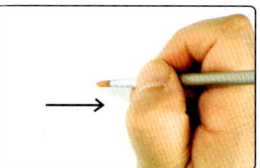
1 붓을 세워서 시작한다.

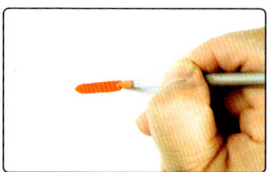
2 일정한 힘을 주어 그리도록 한다.

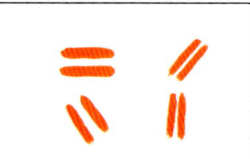
3 붓의 호수나 붓을 누르는 힘의 정도에 따라 선의 굵기를 다양하게 표현할 수 있다.

무브먼트 기법
눈에 보이지 않는 형태를 표현하기 위해서 여러 가지 모양이 응용된다. 무브먼트를 활용함으로써 그림의 재미를 더한다.

자동차 매연 뛰어가는 모습	잠자리 날개 주변	흉터·화난 모습	공이 굴러가는 모습
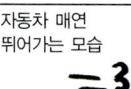			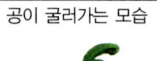
별빛 그리기	물방울 튀기는 모습	갈매기	물결 그리기
	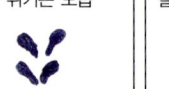		

혼색과 색상

1차색 : 삼원색을 말한다. ex) red, yellow, blue
2차색 : 서로 다른 1차색을 혼합하면 얻을 수 있는 색
    ex) orange, green, violet
3차색 : 1차색과 2차색을 혼합하여 얻을 수 있는 색
    ex) red-orange, yellow-orange, yellow-green, blue-green, blue-violet, red-violet
보색 : 하나의 1차색과 나머지 두 1차색을 혼합한 색은 서로 반대되는 성질을 가진다.
    ex) red의 보색은 yellow+blue = green이다.

J/X Professional 물감 색상표

기본컬러: 레드, 오렌지, 옐로우, 라임그린, 다크그린, 라이트블루, 다크블루, 라일락, 퍼플, 라이트브라운, 다크브라운, 화이트, 블랙

펄컬러: 펄퍼플, 펄그린, 펄블루, 펄레드, 실버, 골드

형광컬러: 형광그린, 형광옐로우, 형광오렌지, 형광레드, 형광바이올렛, 형광블루

페이스페인팅 스케치

페이스페인팅에서의 밑그림과 스케치

페이스페인팅은 밑그림을 따로 그리지 않고 물감으로 바로 채색을 하여 완성하는 그림이다. 쉽게 말해서, 그림의 기본이라고 말하는 스케치가 생략된 형태라고 볼 수 있다. 그러나 밑그림이 생략되었다고 해서 스케치 작업을 소홀히 하면, 좋은 디자인의 결과물을 얻을 수가 없다.

밑그림이 원래부터 없는 것이 아니라 단순히 시간관계로 생략된 것이기 때문에 실제 연필로 스케치 연습을 꾸준히 하면 사물을 보는 눈도 길러지고 형태 자체가 익숙해지므로 연필스케치를 하지 않더라도 붓만으로도 원하는 것과 흡사하게 나타낼 수 있게 된다.

특성에는 형태도 있을 수 있겠고 색상이나 이미지, 느낌 등 여러 가지가 있을 수 있는데 여기서 가장 중요한 것을 뽑는다면 단연 형태라고 말할 수 있다. 형태는 물체의 원리와 구도를 이해하려는 노력에서 시작하는데 이것 역시 간단한 법칙으로 해결이 가능하다.

예를 든다면, 우유팩은 육면체, 사과는 구, 생수병은 원기둥… 이렇게 모든 물체에는 기본이 되는 형태가 있기 마련인데 그 물체의 형태를 알고 있다면 그리기가 매우 쉬워진다.

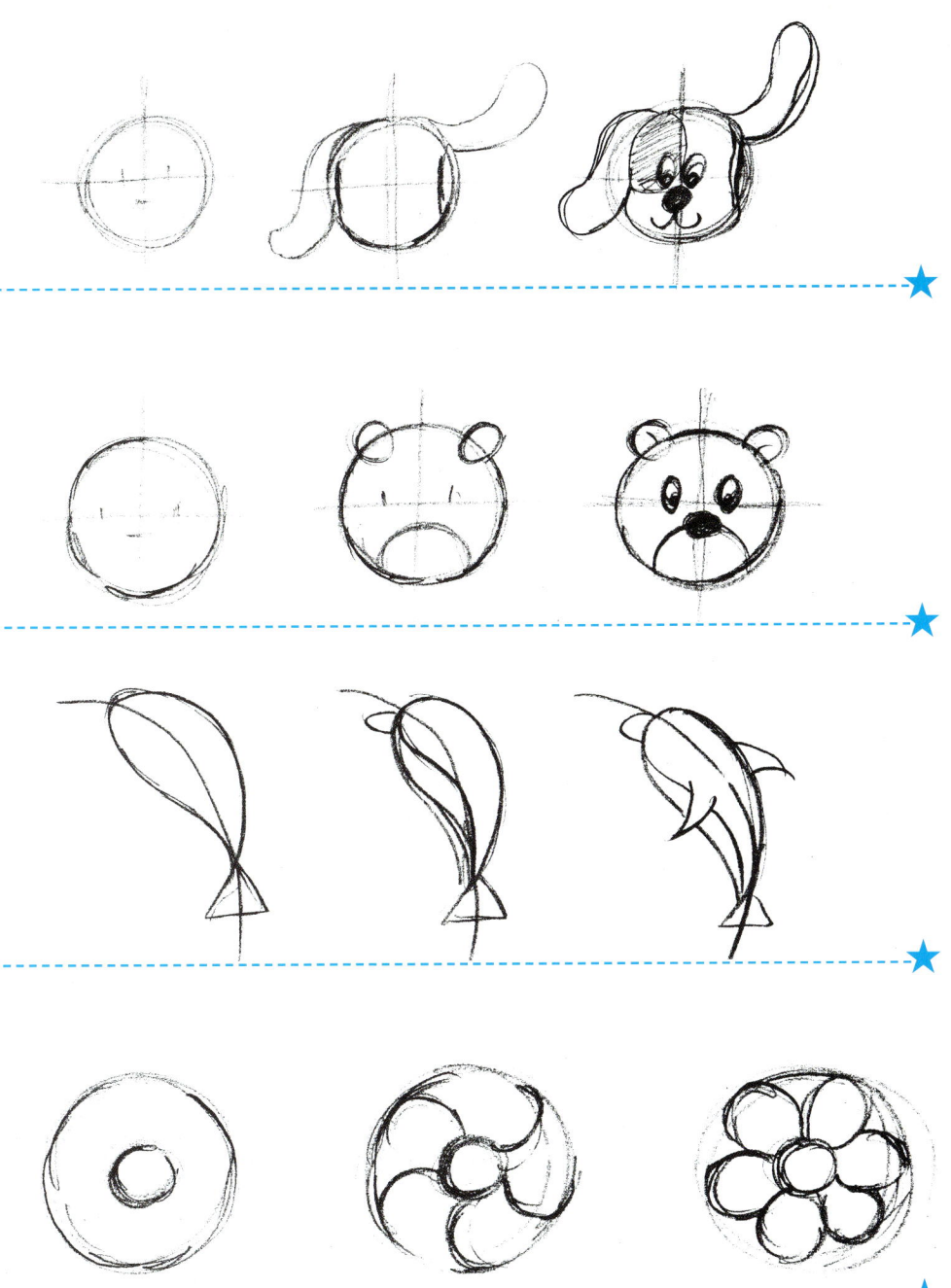

페이스페인팅 스케치

1

Face Painting

칙아트 기본도안

- 기본 꽃 | 귀여운 잠자리 | 반달 꽃게 | 빨간 앵두 | 두근두근 하트
- 하늘을 날아 풍선 | 별과 무지개 | 내친구 달팽이 | 맛있는 사탕
- 시원한 열대어 | 우아한 백조 | 꿈틀꿈틀 애벌레 | 재주많은 돌고래
- 욕심쟁이 뱀 | 당근먹는 토끼 | 숲속의 거미 | 핑크빛 나비
- 단아한 국화꽃 | 복슬 강아지 | 휘날리는 태극기 | 화이팅 축구공
- 달콤한 케이크 | 날아라 로켓 | ♬♪♪악보 | 알록달록 오징어

기본
꽃

따라해 보세요

01 | 빨간색 물감을 붓에 충분히 묻혀 꽃잎을 찍어준다.
02 | 같은 방법으로 여러 장의 꽃잎을 그린다.
03 | 녹색으로 꽃잎 사이사이에 잎사귀를 그린다.
04 | 붓 뒤끝을 이용 점찍기 기법으로 꽃 중심 부분과 주변에 흰색 점을 찍는다.

01

02

03

04

귀여운 잠자리

01 | 빨간색으로 잠자리 날개를 그린다.
02 | 노란색을 붓 뒤끝에 묻혀 찍기기법으로 잠자리의 몸통을 그리고, 흰색과 검은색으로 눈을 그린 다음 잠자리 주변에는 무브먼트로 움직임을 표현해 준다.
03 | 아래쪽으로 풀을 그려 잠자리가 날아오르는 느낌을 만든다.

01

02

03

반달 꽃게

따라해 보세요

01 | 빨간색으로 꽃게의 몸통과 집게를 그린다.
02 | 꽃게의 눈과 몸통 부분 무늬를 하얀색 물감으로 그려 넣는다.
03 | 검은색을 이용하여 발과 눈동자를 그리고 배에도 문양을 그린다.
04 | 붓 뒤끝을 이용해 점찍기 기법으로 배경을 표현해 준다.

01

02

03

04

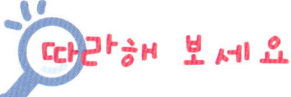

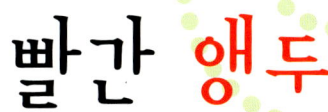

빨간 앵두

따라해 보세요

01 | 원 그리기로 크기가 다른 동그라미를 두 개 그린다.
02 | 붓에 녹색물감을 충분히 묻혀 줄기와 잎을 표현한다.
03 | 하얀색으로 앵두와 잎에 하이라이트를 준다.

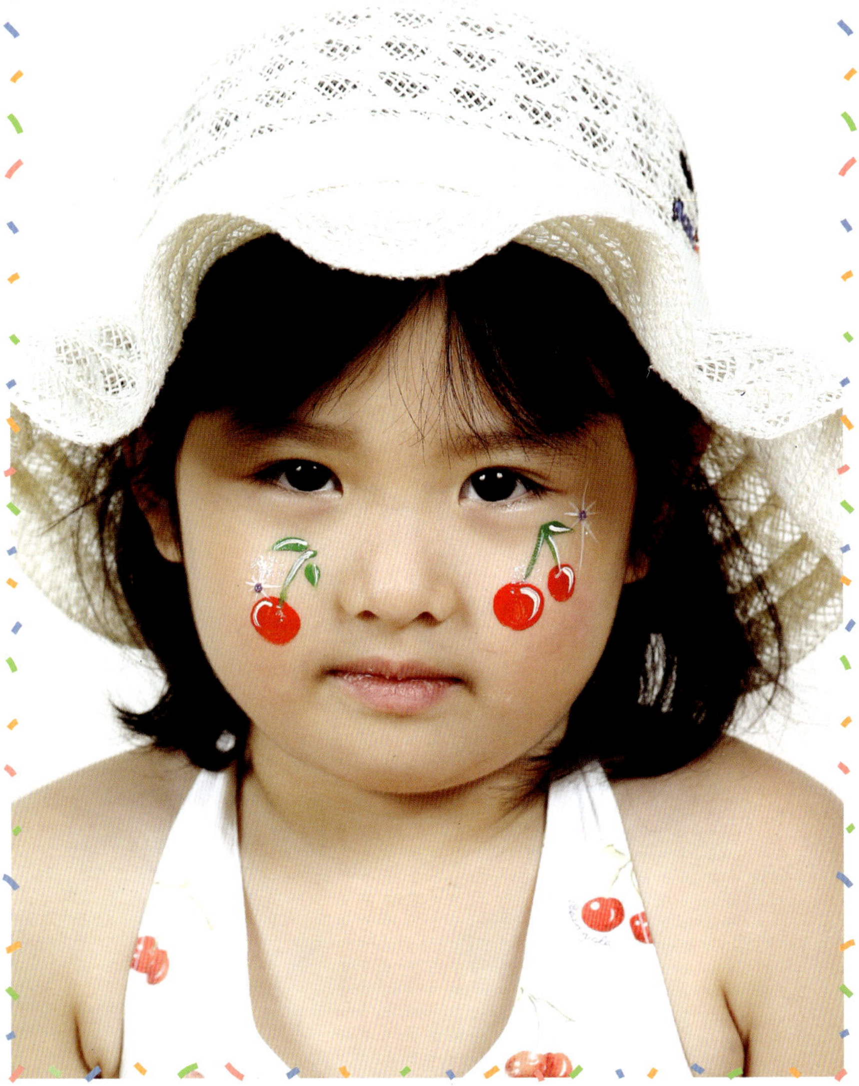

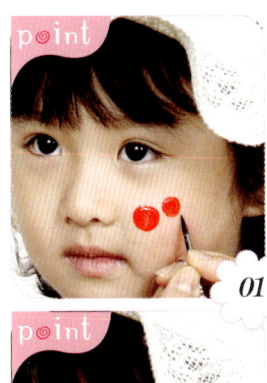

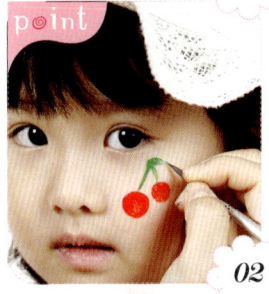

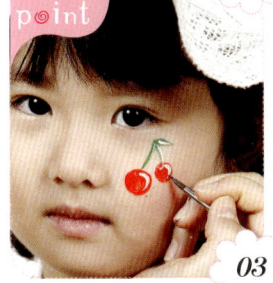

두근두근 하트

따라해 보세요

01 뺨 가운데 큰 하트를 그리고 주변의 작은 하트는 물방울 찍기로 표현한다.

02 흰색으로 하트 주변에 곡선을 응용한 문양을 넣어 포인트를 준다.

03 큰 하트에 반짝이는 듯한 무브먼트를 주고 반짝이와 글리터젤로 장식하여 정리한다.

01

02

03

하늘을 날아 풍선

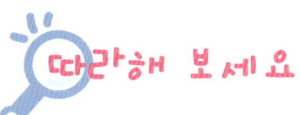 따라해 보세요

01 핑크, 오렌지, 옐로우 세 가지 색의 풍선을 그린다.
02 같은 계열의 짙은 색으로 풍선에 음영을 주고 검은색으로 줄을 연결한다.
03 하얀색으로 풍선에 하이라이트를 준다.

별과 무지개

따라해 보세요

01 | 파란색 물감을 붓에 충분히 묻혀 큰 별을 그린다.
02 | 별 위쪽으로 빨강, 주황, 노랑, 초록, 파란색 곡선을 차례로 그려 무지개를 표현한다.
03 | 무지개 끝에 뭉게 구름을 그린다.
04 | 반짝이를 바르고 별의 각 모서리에 글리터젤을 찍어 마무리한다.

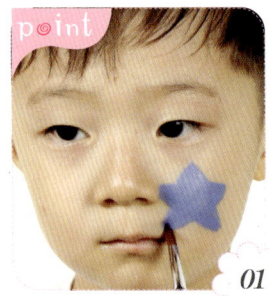
01

02

03

04

내친구 달팽이

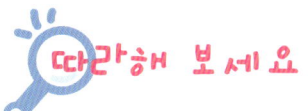 따라해 보세요

01 | 말아 그리기로 달팽이 집을, 물방울 그리기로 달팽이 몸을 그린다.
02 | 달팽이 배 아래에 초록색으로 나뭇잎을 그린다.
03 | 달팽이의 눈을 그리고 달팽이 주변과 나뭇잎에 이슬비가 내리는 듯한 느낌을 준다.
04 | 달팽이 집과 주변에 글리터젤을 찍어 완성한다.

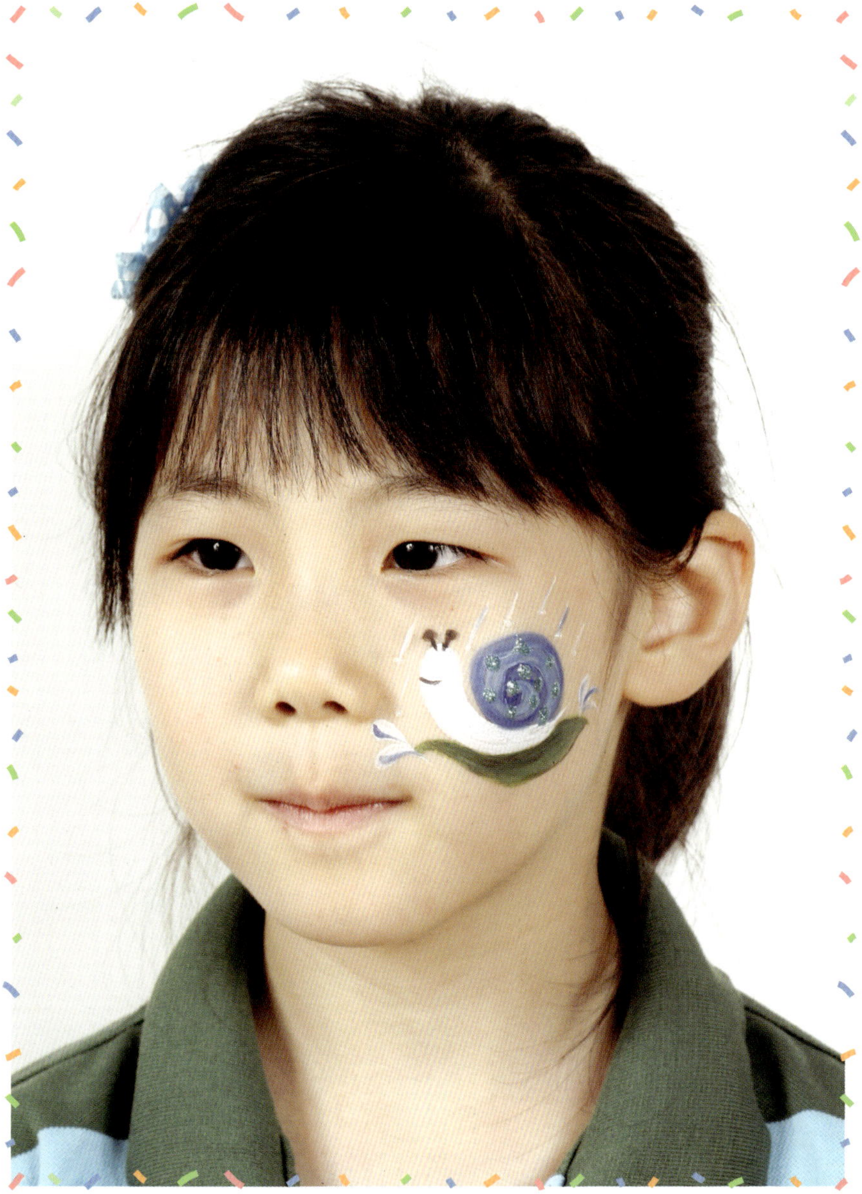

맛있는 사탕

따라해 보세요

01 | 노란색으로 기본 사탕모양을 그린다.
02 | 사탕 가운데 주황색 줄을 그어 사탕 포장을 표현해 준다.
03 | 사탕 가장자리에 검은색 선을 그어 라인을 잡아준다.
04 | 반짝이는 무브먼트를 주고, 아래쪽에 작은 사탕을 하나 더 그려 글리터젤로 장식하고 라인을 잡아준다.

01

02

03

04

시원한 열대어

따라해 보세요

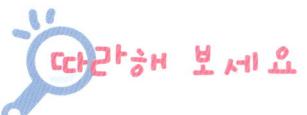

01 | 흰색 펜슬로 양쪽 뺨에 열대어의 밑그림을 그린다.

02 | 평붓을 이용하여 물고기의 줄무늬를 넓게 그린다.

03 | 파란색으로 열대어 무늬를 그리고, 검은색으로 라인을 잡은 다음 열대어의 눈과 입을 그리고 찍기 기법으로 눈과 입에 찍어준다.

04 | 투톤 기법을 이용하여 물방울과 수초를 그려 배경을 완성한다.

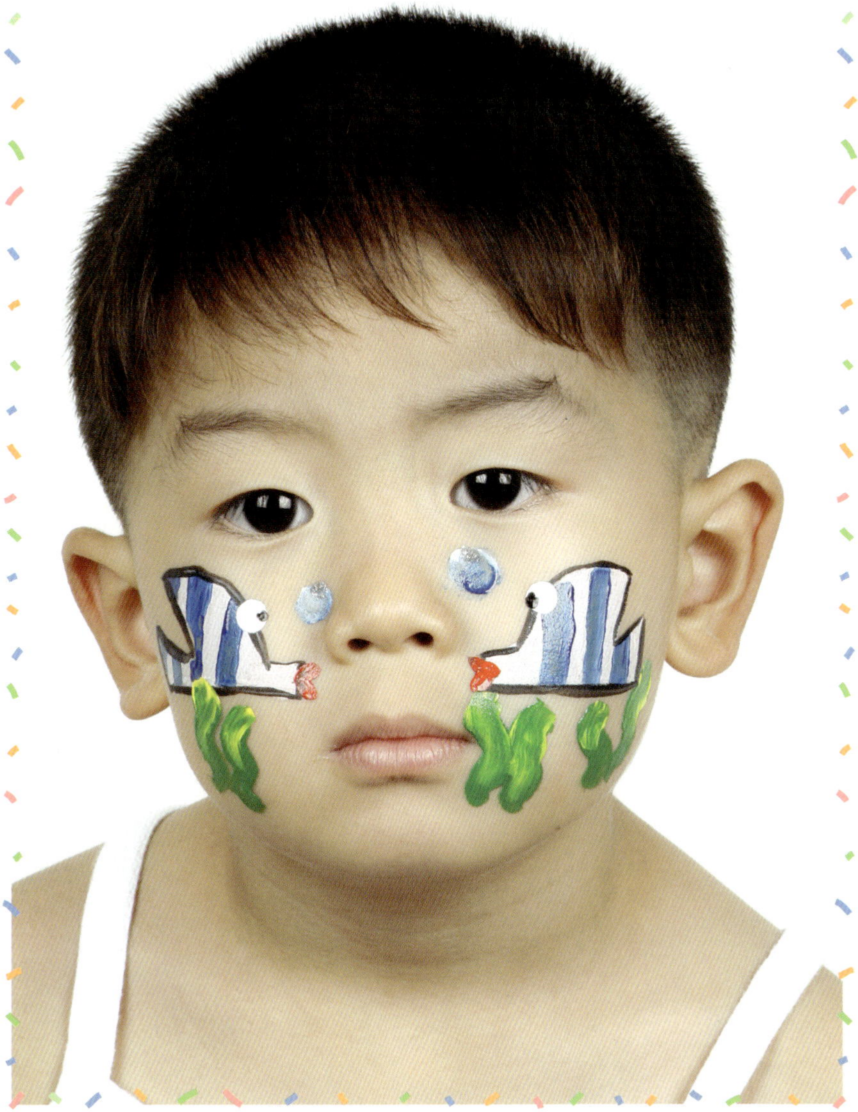

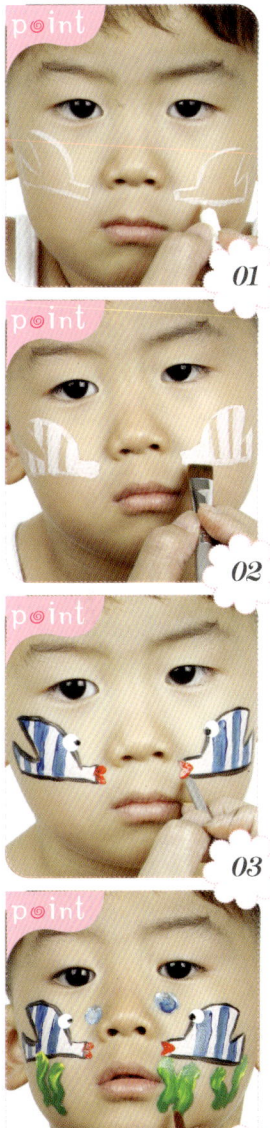

우아한 백조

따라해 보세요

01 │ S자 기법을 이용하여 백조의 기본 형태를 그린다.
02 │ 분홍색으로 백조의 깃털과 왕관을 그린다.
03 │ 백조의 부리와 눈은 검은색으로 그리고, 주변에 기본 꽃과 호수를 그린다.

01

02

03

꿈틀꿈틀 애벌레

따라해 보세요

01 │ 초록색 타원형을 여러 개 연결하여 애벌레의 몸통을 그린다.
02 │ 몸통에 노란색 물감을 이용하여 밝은 부분을 표현한다.
03 │ 찍기 기법으로 눈과 더듬이를 그린다.
04 │ 2호 붓으로 애벌레의 외곽선과 다리를 그려 완성한다.

재주많은 돌고래

따라해 보세요

01. 하얀색 물감으로 돌고래의 배 모양을 칠한다.
02. 파란색으로 돌고래의 몸통 부분을 그린다.
03. 찍기 기법으로 눈을 만들어 준다.

01

02

03

욕심쟁이 뱀

 따라해 보세요

01 | 평붓에 갈색 물감을 충분히 묻혀 나무줄기를 그린다.
02 | 나무를 감아 올라가는 느낌으로 뱀의 모양을 그린다.
03 | 붉은색으로 뱀 무늬와 긴 혓바닥을 표현해 준다.
04 | 뱀의 외곽선을 그려 보다 뚜렷한 뱀 모양을 완성한다.

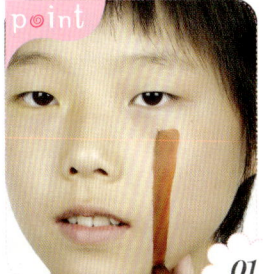
01

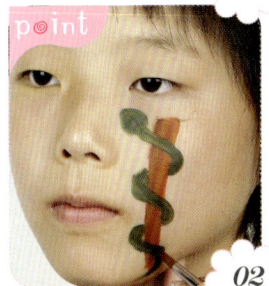
02

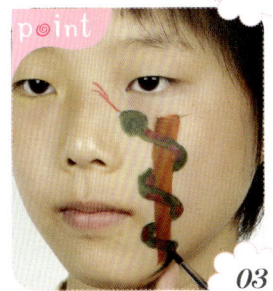
03

당근먹는 토끼

따라해 보세요

01. 하얀색으로 토끼 얼굴 기본 형태를 그린다.
02. 핑크색으로 귀의 안쪽과 발그레한 볼을 표현해 준다.
03. 2호 붓을 이용하여 토끼의 입 밑으로 당근을 그린다.
04. 검정색으로 눈을 그리고 외곽선과 코, 수염을 그린다.

01

02

03

숲속의 거미

 따라해 보세요

01 | 검은색 물감으로 원을 그린다.
02 | 거미의 큰 앞다리와 뒷다리, 머리를 그린다.
03 | 하얀색으로 눈을 그리고 하이라이트를 준다.
04 | 글리터젤로 거미 줄무늬를 넣고 꾸며주어 마무리한다.

핑크빛 나비

따라해 보세요

01 | 연한 핑크색으로 나비의 기본 형태를 그린다.
02 | 4호 붓을 사용하여 좀 더 짙은 핑크색으로 그라데이션을 준다.
03 | 검정색으로 나비 뒷 날개 부분을 뚜렷히 하고(S자 기법), 나비 몸통 부분을 그린다(쉼표 기법).
04 | 주변에 작은 꽃을 그리고 날개와 꽃에 글리터젤을 찍어 완성한다.

단아한 국화꽃

 따라해 보세요

01 | 흰색, 노란색을 섞어 물방울 기법으로 꽃잎을 그린다.
02 | 줄기와 잎을 그리고 흰색으로 잎맥을 표현해 준다.
03 | 점찍기 기법으로 꽃술을 그리고, 손가락으로 오팔 펄가루를 찍어 완성한다.

point 01
point 02
point 03
point 04

페이스 기본도안

복슬 강아지

따라해 보세요

01 | 흰색으로 강아지의 기본 형태를 그린다.
02 | 갈색으로 귀, 눈, 꼬리 부분에 얼룩 무늬를 넣는다.
03 | 검은색으로 눈, 코, 입, 발바닥을 그린다.
04 | 가장자리에 일정한 간격을 두고 짧은 선을 그어 강아지 털을 표현한다.

01

02

03

04

휘날리는 태극기

 따라해 보세요

01 | 흰색 베이스를 깔아 태극기 기본 바탕을 만든다.
02 | 가운데 빨간색과 파란색으로 태극 문양을 그리고 건곤감리를 그린다.
03 | 검은색으로 외곽선을 그린다.
04 | 태극 문양에 펄을 발라 완성한다.

화이팅 축구공

 따라해 보세요

01 하얀색 물감으로 원을 그려 축구공 바탕을 그린다.
02 검정색으로 축구공 모양을 그린다.
03 오른쪽 사선 방향으로 빨간색 불꽃 모양을 그린다.

01

02

03

달콤한 케이크

 따라해 보세요

01 | 흰색으로 구름 모양의 형태를 그린다.
02 | 01 밑으로 노란색을 이용하여 빵을 그린다.
03 | 빨간색으로 케이크에 데커레이션을 표현한다.
04 | 외곽선을 그려 모양을 완성하고 점찍기 기법으로 마무리한다.

01

02

03

04

날아라 로켓

 따라해 보세요

01 | 로켓의 몸체 부분과 아래쪽에 날개를 그린다.
02 | 로켓 밑에 불꽃을 그린다.
03 | 하늘색과 하얀색으로 창문을 그려준다.
04 | 검은색으로 외곽선을 뚜렷하게 그려 완성한다.

01

02

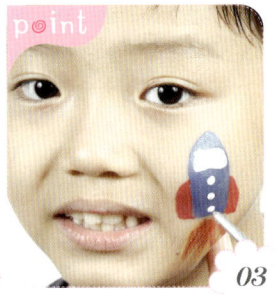
03

04

 따라해 보세요

♫♪♪ 악보

01 | 높은음자리표를 그리고, 핑크색을 넓게 펴 발라 준다.
02 | 검은선을 그려 오선지를 표현하고 음표를 그려 넣는다.
03 | 글리터젤을 발라 반짝이는 효과를 주어 마무리한다.

01

02

03

알록달록 오징어

따라해 보세요

01 | 빨간색과 주황색으로 오징어 머리와 몸통을 그린다.
02 | 파란색으로 오징어 다리를 그린다.
03 | 점찍기 기법으로 오징어 눈을 찍어준다.
04 | 검정색으로 오징어의 외곽선을 뚜렷히 해준다.

01

02

03

04

Face Painting

칙아트 응용도안

- 🩷 탐스러운 사과 | 달콤한 복숭아 | 시원한 수박
- 🧡 투톤 꽃 | 동그란 해바라기 | 환상의 데이지 | 화려한 장미
- 💙 삐약삐약 병아리 | 얼음왕자 펭귄 | 귀여운 공룡 | 야옹 고양이
- 💙 사랑의 유니콘 | 어흥 사자 | 승천하는 용 | 귀염둥이 꿀벌
- 🩷 귀여운 곰돌이 | 블랙 전갈 | 화려한 나비
- 🧡 바다의 왕자 돌고래 | 익살스런 상어 | 개구장이 내동생
- 💙 예쁜 고양이 | 귀여운 강아지 | 재미있는 토끼
- 💙 깜찍한 쥐 | 기도하는 촛불 | 길 잃은 양

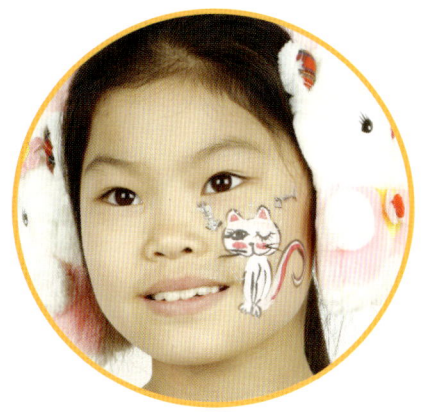

탐스러운 사과

따라해 보세요

01 | 빨간색으로 사과의 전체 형태를 그린다.
02 | 흰색으로 01의 사과 형태에 음영을 준다.
03 | 초록색 물감을 투톤 기법으로 잎사귀와 애벌레를 그린다.
04 | 애벌레의 눈을 찍기 기법으로 표현한다.
05 | 하이라이트 부분에 반짝이를 발라 마무리한다.

 01

 02

 03

 04

달콤한 복숭아

 따라해 보세요

01 | 피치색으로 복숭아 기본 모양을 그린다.
02 | 핑크색으로 바깥 쪽을 진하게 그려 입체감을 준다.
03 | 초록색으로 복숭아의 꼭지와 잎을 그린다.
04 | 진한 색으로 외곽선을 그려 복숭아가 선명해 보이도록 한다.

시원한 수박

따라해 보세요

01 | 녹색으로 볼과 관자놀이 부분에 원을 하나씩 그린다.
02 | 큰 원 밑에 빨간색으로 반달 모양을 그린다.
03 | 수박과 주변에 잎사귀와 덩쿨을 그리고 진한 녹색으로 수박 줄무늬를 그린다.
04 | 수박 위에 흰색으로 하이라이트를 주고, 외곽선을 뚜렷하게 그린다.

01

02

03

04

따라해 보세요

투톤 꽃

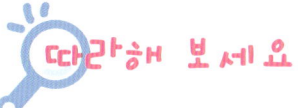

01 | 투톤 기법으로 꽃잎을 그린다.
02 | 나뭇잎과 줄기를 스프링 기법으로 그린다.
03 | 점찍기 기법으로 꽃술을 표현한다.
04 | 오팔 펄가루를 발라 꽃을 꾸며 완성한다.

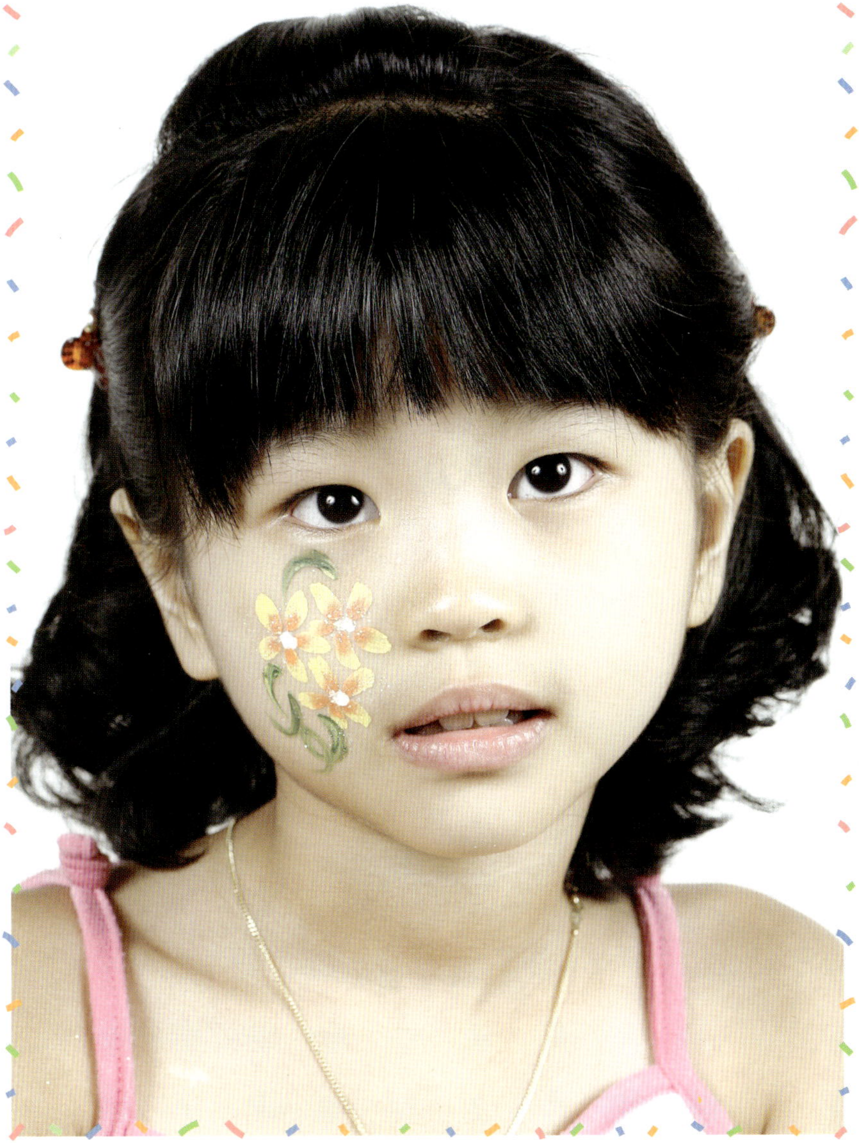

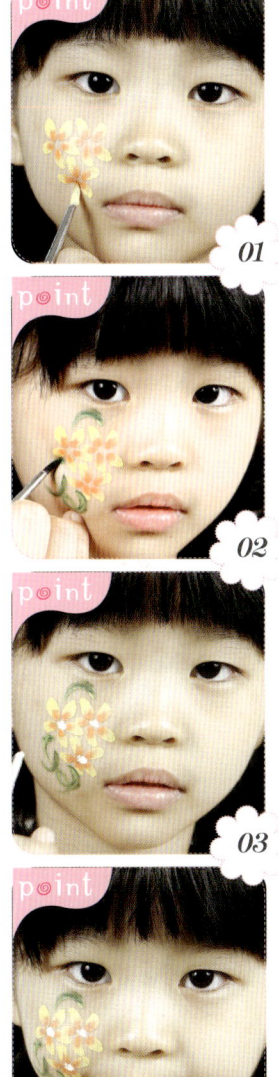

동그란 해바라기

따라해 보세요

01 | 노란색과 흰색을 섞어 스폰지로 원을 그린다.
02 | 겹꽃잎찍기 기법으로 원을 따라 꽃잎을 그린다.
03 | 꽃봉오리도 같은 기법으로 그린다.
04 | 그라데이션 기법으로 줄기와 잎을 그리고 주변을 꾸며 마무리한다.

 01
 02
 03
 04

환상의 데이지

 따라해 보세요

01 | 보라색으로 베이스를 깔아준다.
02 | 물방울 찍기 기법으로 여러 개의 꽃을 그린다.
03 | 꽃의 줄기와 잎사귀를 그린다.
04 | 꽃술을 그려 마무리한다.

칙아트 응용도안

화려한 장미

따라해 보세요

01. 스펀지를 이용해 흰색 베이스를 깔아준다.
02. 스펀지에 빨간색을 묻혀 여러 개의 원을 만든다.
03. 빨간 원 안에 검은색으로 짧은 선을 엇갈려 그려 장미를 표현한다.
04. 투톤 기법으로 장미 사이에 잎사귀를 그리고, 오팔펄과 글리터젤을 바른다.

01

02

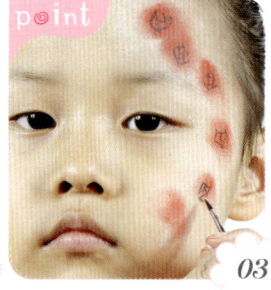
03

04

삐약삐약 병아리

따라해 보세요

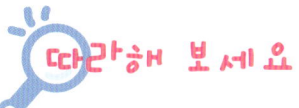

01 | 노란색으로 병아리 몸통 기본 형태를 그린다.
02 | 주황색으로 병아리의 부리를 그린다.
03 | 병아리의 외곽선을 뚜렷히 하고 다리를 그린다.
04 | 찍기 기법으로 병아리의 눈을 찍어준다.

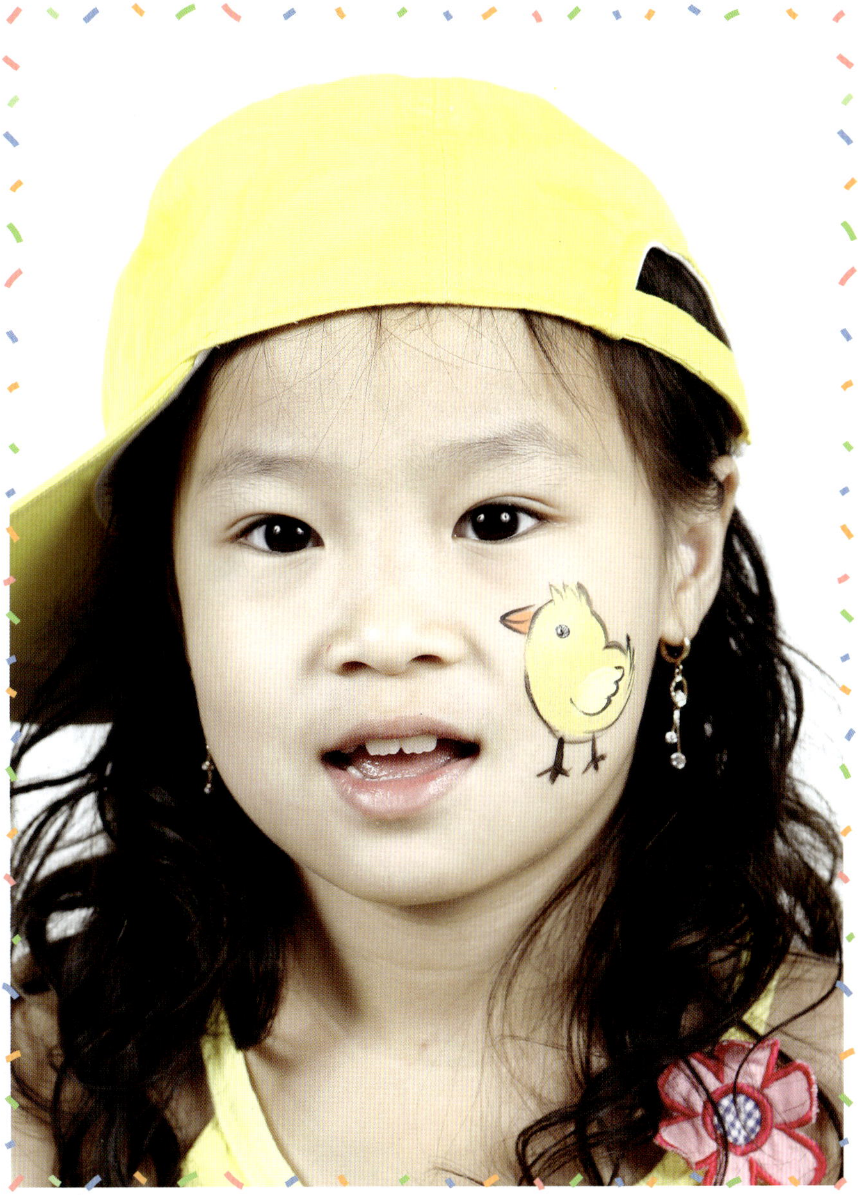

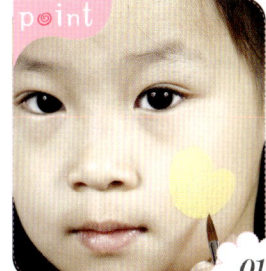

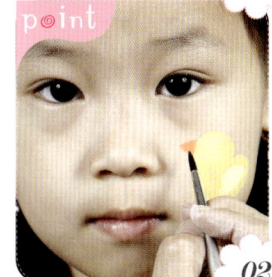

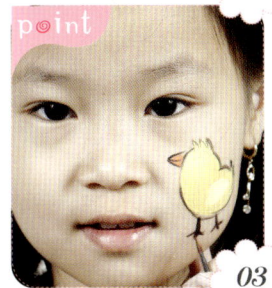

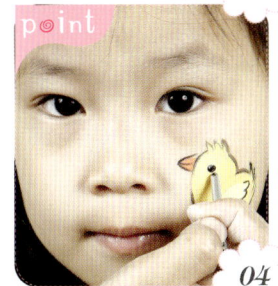

얼음 왕자 펭귄

따라해 보세요

01 | 흰색으로 펭귄의 머리와 배 부분을 그린다.
02 | 01 밖으로 검은색을 발라 펭귄의 형태를 만든다.
03 | 점찍기 기법으로 펭귄의 눈과 코, 발을 그린다.
04 | 바닥에 빙판을 그리고 글리터 젤을 찍어 눈송이를 표현한다.

 01
 02
 03
 04

귀여운 공룡

따라해 보세요

01 | 납작붓에 초록색 물감을 묻혀 공룡의 얼굴과 몸통의 형태를 그린다.
02 | 노란색으로 등 부분의 돌기와 몸통 무늬를 그린다.
03 | 검정색으로 외곽선을 뚜렷히 하고 점찍기로 눈과 코를 그린다.
04 | 주변으로 풀과 햇님을 그려 완성한다.

01

02

03

04

야옹 고양이

따라해 보세요

01 │ 흰색으로 앉아있는 고양이의 형태를 그린다.
02 │ 귀와 볼, 꼬리 부분에 핑크색을 칠해 고양이를 완성해간다.
03 │ 검은색으로 윙크하는 고양이 표정을 그리고, 외곽선을 뚜렷히 해준다.
04 │ 오팔펄을 펴 발라 꾸며 마무리한다.

01

02

03

04

사랑의 유니콘

 따라해 보세요

01 | 흰색으로 유니콘 얼굴과 목 부분까지 형태를 그린다.
02 | 보라색으로 유니콘 뿔을 그리고 하늘색으로 유니콘의 갈기를 그린다.
03 | 검은색으로 유니콘의 얼굴을 섬세하게 그린다.
04 | 글리터젤로 유니콘 주변을 꾸며 완성한다.

어흥 사자

따라해 보세요

01 | 하얀색으로 사자의 얼굴과 배 부분을 그린다.
02 | 노란색과 황토색을 섞어 사자의 얼굴을 그린다.
03 | 02와 같은 색으로 몸통과 다리 부분까지 그린다.
04 | 검은색으로 눈을 그리고 갈색으로 사자의 외곽선을 뚜렷히 한다.
05 | 사자 주변에 풀과 나무를 그려 완성한다.

01

02

03

04

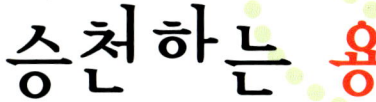

승천하는 용

따라해 보세요

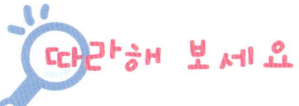

01 | 스펀지에 노란색, 주황색을 찍어 베이스를 깔아준다.
02 | 베이스 위에 검은색으로 용의 형태를 그린다.
03 | 용 몸통에 오팔펄을 바르고 이마에 글러터젤을 찍어 완성한다.

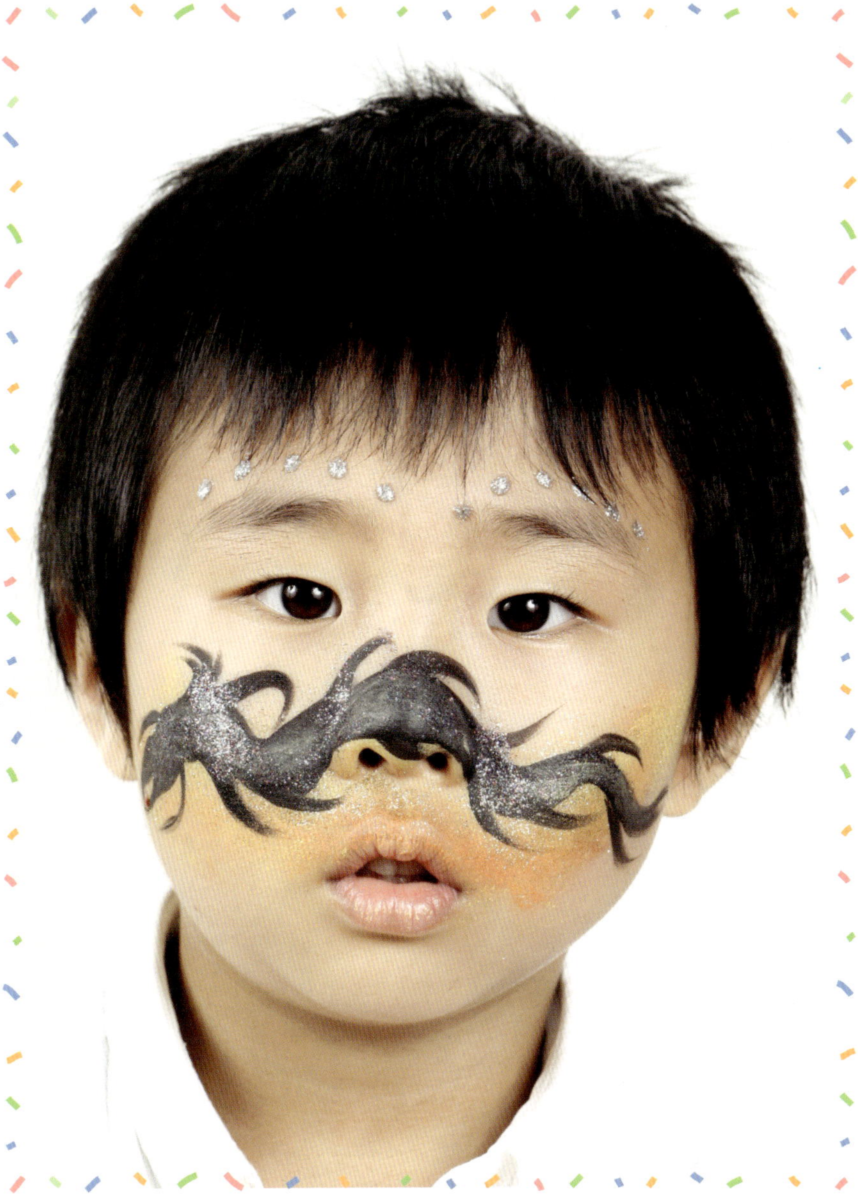

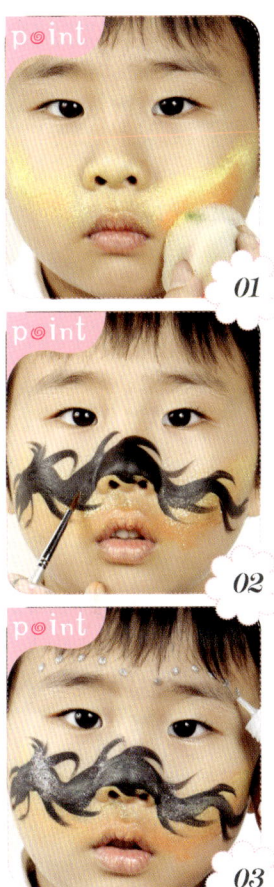

귀염둥이 꿀벌

따라해 보세요

01 | 꿀벌의 몸체와 날개를 그린다.
02 | 더듬이를 그리고 점찍기 기법으로 눈을 찍어준다.
03 | 검은색으로 벌의 외곽선을 뚜렷하게 그려 마무리한다.

01

02

03

귀여운 곰돌이

01 스펀지를 이용해서 곰의 얼굴과 코의 형태를 표현한다.
02 점찍기 기법으로 눈과 코를 만들어준다.
03 검정색으로 외곽선을 그려 마무리한다.

01

02

03

블랙 전갈

따라해 보세요

01 | 검은색 물감으로 전갈의 기본 형태를 그린다.
02 | 첫 번째와 두 번째 몸통 사이에 큰 집게발을 그리고 밑으로 작은 발을 여러 개 그린다.
03 | 글리터젤로 하이라이트를 주어 완성한다.

01

02

03

화려한 나비

 **따라해 보세요**

01 │ 흰색으로 나비의 날개 형태를 그린다.
02 │ 01에 핑크색 그라데이션 효과를 주면서 S자 기법을 응용해 날개를 완성해간다.
03 │ 검은색으로 나비 날개의 외곽선을 그린다.
04 │ 더듬이를 그려 넣고 점찍기 기법으로 날개에 무늬를 넣어 완성한다.

바다의 왕자 돌고래

따라해 보세요

01 | 흰색으로 돌고래 배 부분을 그린다.
02 | 파란색으로 돌고래 몸통을 그린다.
03 | 점찍기 기법으로 돌고래의 눈을 그리고 아래쪽으로 투톤 기법으로 물결 모양을 표현한다.
04 | 반짝이를 펴 발라 마무리한다.

익살스런 상어

 따라해 보세요

01 | 스펀지에 흰색 물감을 묻혀 배경색을 칠해준다.
02 | 배경색 위에 흰색으로 상어 배를 그린다.
03 | 파란색 물감으로 상어 몸체를 그린다.
04 | 검은색으로 상어의 외곽선을 그려 마무리한다.

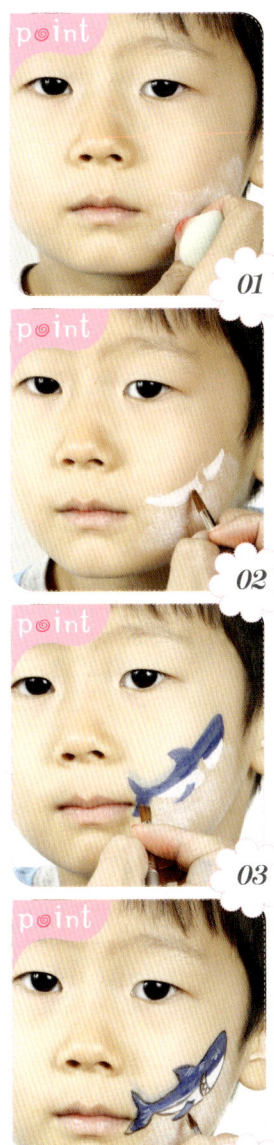

64 | 65 >>>> 칙아트 응용도안

개구쟁이 내동생

따라해 보세요

01 | 흰색으로 얼굴 형태를 그린다.
02 | 빨간색과 노란색을 이용하여 티셔츠와 반바지를 그린다.
03 | 3호 붓에 흰색 물감을 묻혀 손과 다리를 그린다.
04 | 머리와 눈, 코, 입을 그린 후 외곽선을 그려 완성한다.

 01
 02
 03
 04

예쁜 고양이

 따라해 보세요

01 | 하얀색 물감으로 고양이의 얼굴 형태를 그린다.
02 | 분홍색으로 원피스와 리본을 그리고, 팔과 발은 흰색으로 그린다.
03 | 눈, 코, 입을 그리고 원피스를 꾸며준 다음 외곽선을 뚜렷하게 표현한다.

귀여운 강아지

따라해 보세요

01 | 흰색으로 얼굴 형태를 그린다.
02 | 얼굴 아래에 삼각형 모양으로 몸통을 그린다.
03 | 검정색으로 코, 귀, 목 부분을 표현한다.
04 | 검은색으로 외곽선을 그리고 찍기 기법으로 발자국을 그린다.

 01
 02
 03
 04

재미있는 토끼

 따라해 보세요

01 | 흰색으로 토끼의 전체 형태를 그린다.
02 | 검은색으로 외곽선을 그리고 눈, 코, 입을 표현한다.
03 | 주변에 하트를 그리고 반짝이를 발라 마무리한다.

01

02

03

칙아트 응용도안

깜찍한 쥐

따라해 보세요

01 | 흰색으로 얼굴을 그린다.
02 | 검은색으로 머리와 코를 그리고, 분홍색으로 리본을 그린다.
03 | 점찍기 기법으로 눈동자를 그리고 2호 붓으로 입을 그린다.
04 | 꽃송이를 여러 개 그려 꾸미고 글리터젤을 찍어 완성한다.

01

02

03

04

 따라해 보세요

기도하는 촛불

01. 스펀지에 노란색 물감을 묻혀 뺨에 두드려 배경을 만든다.
02. 흰색과 연한 하늘색으로 초의 기본 형태를 그린다.
03. 불꽃과 초의 외곽선을 그리고 불빛이 퍼지는 모양과 초의 아래를 장식하여 완성한다.

point 01
point 02
point 03

70 | 71 칙아트 응용도안

길 잃은 양

따라해 보세요

01 │ 흰색 물감으로 양의 복슬복슬한 몸체를 그린다.
02 │ 노란색으로 양의 얼굴 부분 형태를 그린다.
03 │ 뿔, 눈, 코, 입과 다리를 검은색으로 그린다.
04 │ 양 주변에 구름과 풀밭을 그려 완성한다.

01

02

03

04

Face Painting

3

시즌 파티 & 파티페인팅

- 파티 페인팅 하나 | 파티 페인팅 둘 | 환타지 하나
- 환타지 둘 | 환타지 셋 | 부분 분장 토끼
- 부분 분장 표범 | 크리스마스 눈사람 | 크리스마스 케인
- 할로윈 박쥐 | 할로윈 호박

파티페인팅 하나

따라해 보세요

01 | 눈썹과 눈썹 사이에 투톤 기법을 이용해서 꽃을 그리고 양쪽 뺨에 하트를 그린다.
02 | 반짝이는 효과와 물방울 기법을 이용해 장식한다.
03 | 진한 분홍색으로 외곽선을 그리고 글리터젤을 찍어 완성한다.

 01
 02
 03

파티페인팅 둘

01 | 흰색으로 밑그림을 그리고 여러 가지 색으로 꽃을 좀 더 섬세하게 표현한다.
02 | 꽃술을 점찍기 기법으로 표현하고 나뭇잎을 그린다.
03 | 진한 색으로 나뭇잎의 외곽선을 그린다.
04 | 손가락으로 오팔펄을 발라 마무리한다.

74 | 75 시즌 파티 & 파티페인팅

판타지 하나

따라해 보세요

01 | 스타 파우더를 뺨에 칠한 다음 그라데이션 기법으로 리본 형태를 그린다.
02 | 검정색을 외곽선을 그리고 하이라이트를 준다.
03 | 흰색으로 리본 주변으로 반짝이를 그린다.
04 | 크리스털 큐빅을 붙여 마무리한다.

 01
 02
 03
 04

판타지 둘

 따라해 보세요

01 │ 파우더 베이스로 뺨, 이마, 콧등, 턱에 바른다.
02 │ 디자인에 어울리는 라인을 그린다.
03 │ 핑크라인을 문양에 따라 그린다.
04 │ 크리스털 큐빅을 스피릿검을 사용하여 붙여 완성한다.

시즌 파티 & 파티페인팅

판타지 셋

따라해 보세요

01 | 투톤 기법으로 이마에 꽃과 구슬 형태를 그린다.
02 | 눈 주위에 S자 기법으로 라인을 그리고 점찍기를 한 후 볼에 꽃잎을 그린다.
03 | 보라색 글리터젤을 사용하여 파티 분위기를 살린다.
04 | 스피릿검을 사용하여 크리스털 큐빅을 중앙에 붙여 포인트를 주고 오팔 펄가루로 마무리한다.

01

02

03

04

부분 분장 토끼

따라해 보세요

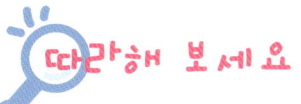

01 | 스펀지에 흰색을 묻혀 눈 주변과 코 아래를 찍고 핑크색으로 뺨에 찍어준다.
02 | 검은색으로 눈썹 라인과 코와 입 주변의 수염을 그린다.
03 | 코 끝에 빨간색 동그라미를 그려 완성한다.

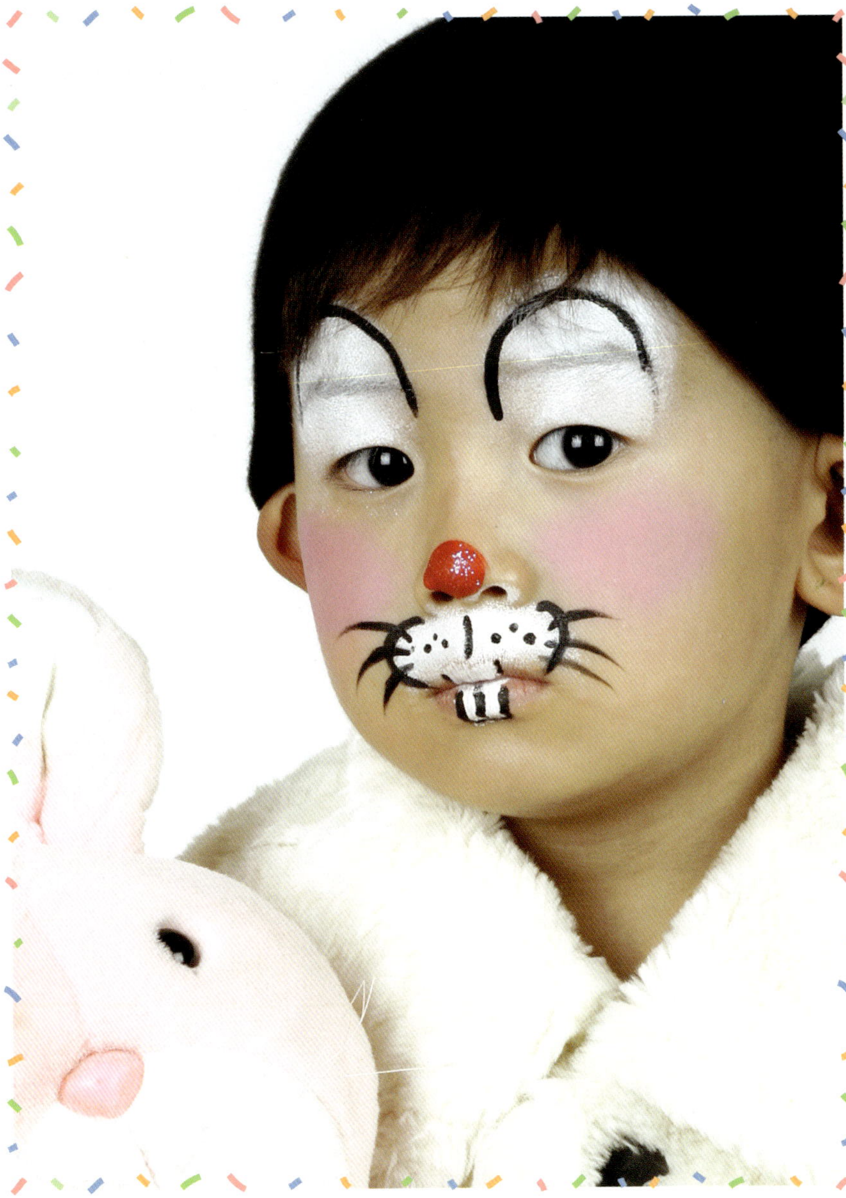

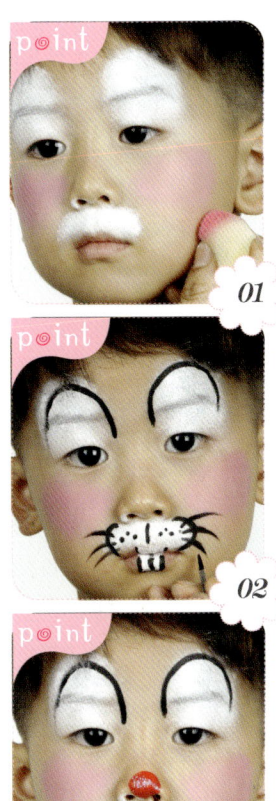

부분 분장 **표범**

따라해 보세요

01. 검은색으로 눈썹 라인과 코와 입 주변의 수염을 그린다.
02. 눈 주위에 갈색 아이라인을 두껍게 그린다.
03. 갈색과 검정색으로 표범의 무늬를 넣어준다.

01

02

03

크리스마스 눈사람

따라해 보세요

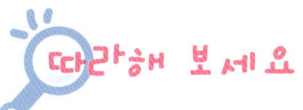

01 | 2개의 원을 그려 눈사람 기본 형태를 그린다.
02 | 눈사람 머리 위에 노란색으로 밀짚모자를 그린다.
03 | 눈, 코, 팔을 그리고 검은색 외곽선을 그려 완성한다.

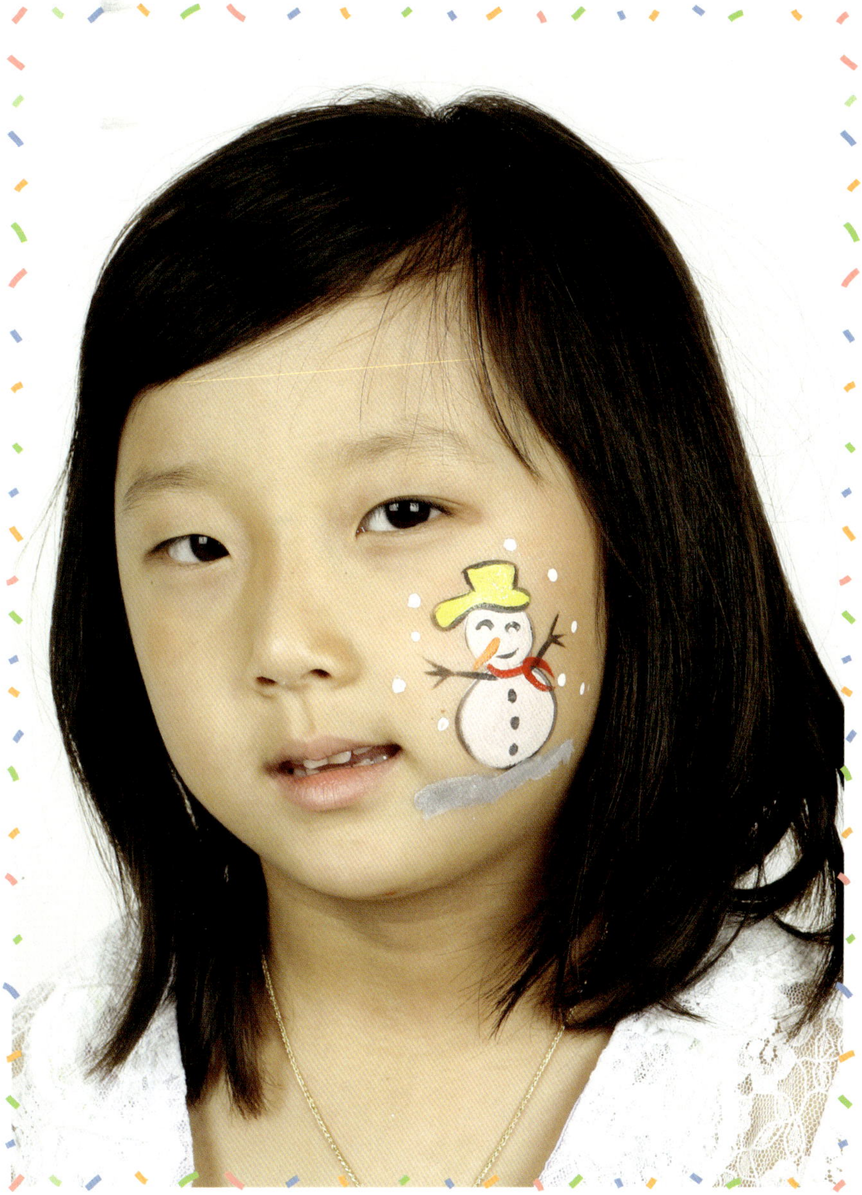

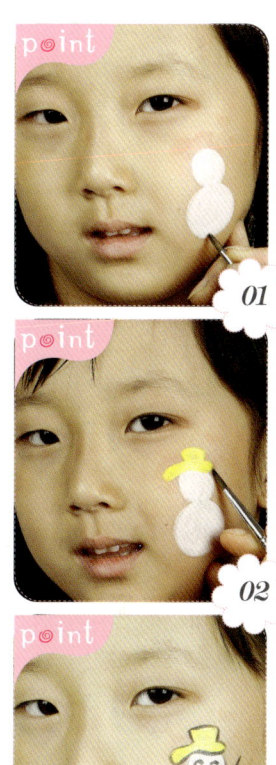

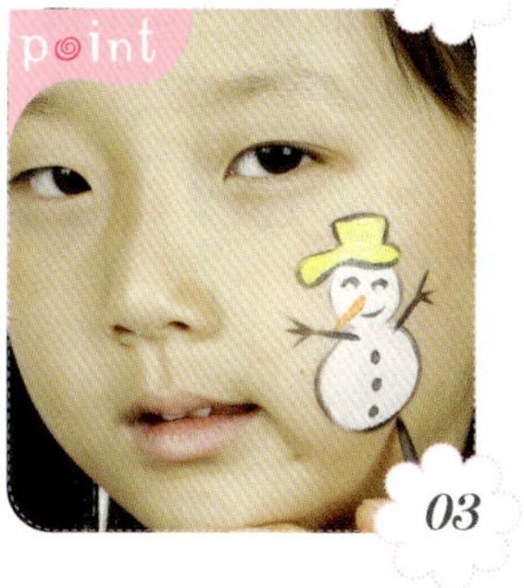

크리스마스 케인

따라해 보세요

01 | 흰색으로 지팡이 형태를 그린다.
02 | 빨간색으로 스파이럴 무늬를 넣어준다.
03 | 가운데 장식을 하고 반짝이를 발라 효과를 준다.

01

02

03

 따라해 보세요

할로윈 박쥐

01 │ 스펀지에 노란색 물감을 묻혀 두드려 배경을 만든다.
02 │ 검은색으로 박쥐의 형태를 그린다.
03 │ 흰색으로 번개 무브먼트를 주고 글리터젤로 박쥐의 눈과 날개 끝에 포인트를 준다.

할로윈 호박

따라해 보세요

01 주황색으로 호박의 기본 모양을 그린다.
02 녹색으로 호박 옆에 줄기와 잎사귀를 그린다.
03 호박 줄무늬와 하이라이트를 주고 외곽선을 뚜렷하게 한다.
04 호박에 익살스러운 표정을 그린다.

01

02

03

04

4

페이스페인팅 활용 & 템퍼러리타투

- 트라이벌 연꽃 | 핸드 페인팅 달팽이 | 핸드 페인팅 상어
- 스펀지 활용 곰돌이 | 전체 분장 삐에로 | 글자 그리기 레드데블
- 스텐실 장미 | 레인보우 타투 | 펄 타투

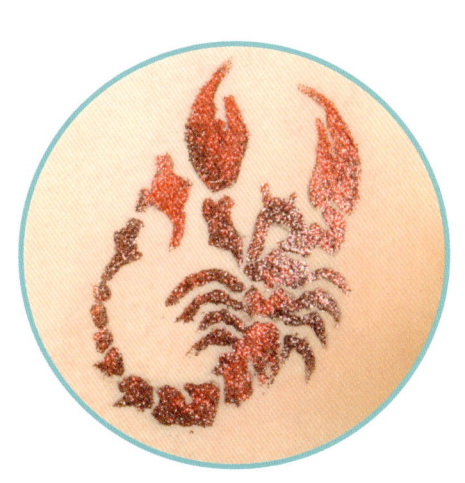

트라이벌 연꽃

따라해 보세요

01 | 검은색으로 트라이벌 문양을 그린다.
02 | 흰색과 분홍색을 사용하여 투톤 기법으로 연꽃을 표현한다.
03 | 연꽃의 잎부분 역시 투톤 기법을 이용하여 그린다.
04 | 글리터젤로 연꽃을 장식하여 완성한다.

01

02

03

04

따라해 보세요

핸드 페인팅 달팽이

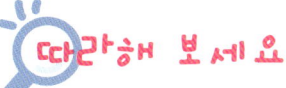

01 | 주먹을 쥔 손에 스폰지로 하늘색을 두드려 달팽이 몸통 형태를 만든다.
02 | 물방울 기법을 이용하여 흰색으로 달팽이 몸을 그린다.
03 | 짙은 파랑색으로 달팽이 집을 뚜렷하게 표현한다.
04 | 검은색으로 전체 외곽선을 그려 완성한다.

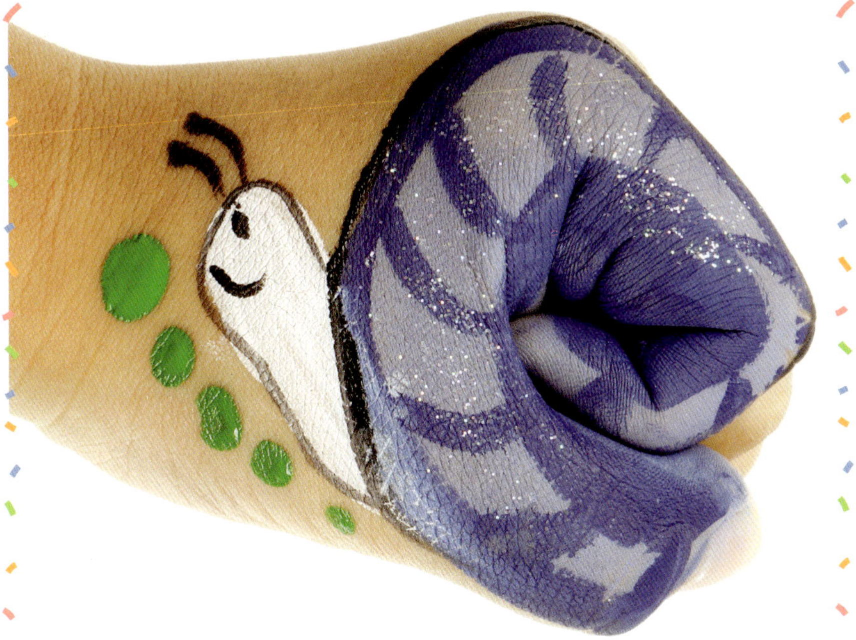

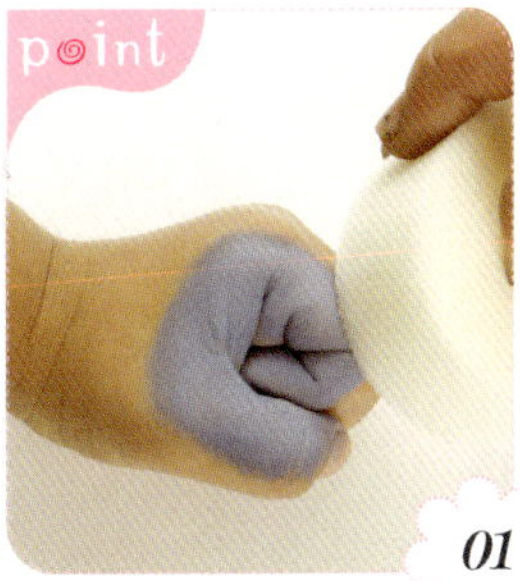
point
01

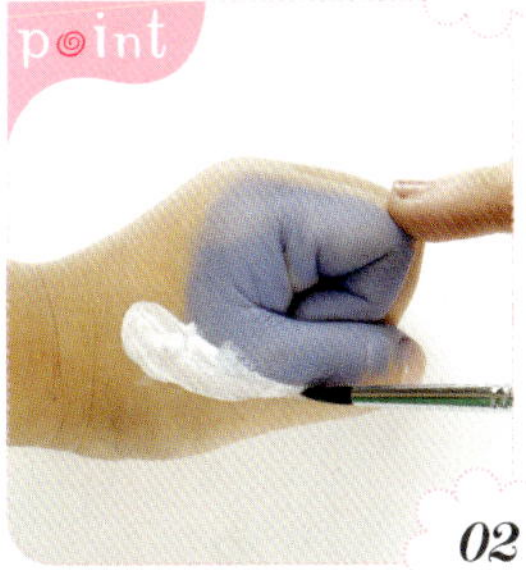
point
02

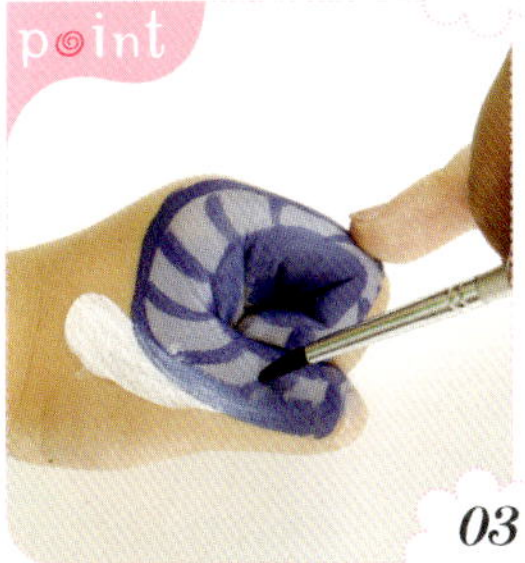
point
03

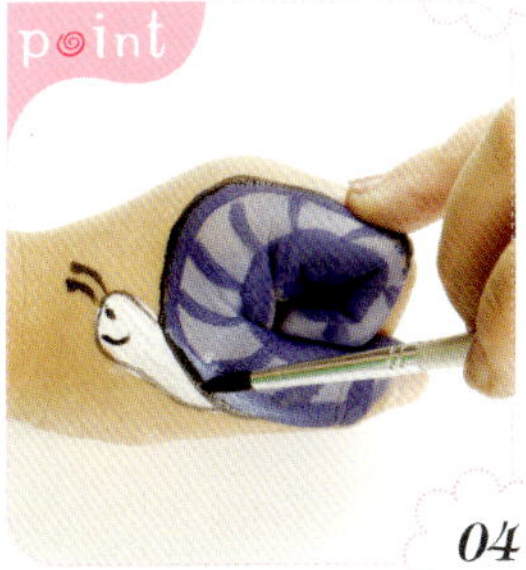
point
04

핸드 페인팅 상어

따라해 보세요

01 | 손가락을 편 상태에서 손을 따라 스폰지로 베이스를 칠한다.
02 | 3호 붓으로 상어 외곽선을 그린다.
03 | 02의 상어 안쪽을 검은색으로 칠한다.
04 | 흰색으로 아가미와 눈, 이빨을 그리고 하이라이트를 준다.

01

02

03

04

스펀지 활용 곰돌이

따라해 보세요

01 | 흰색과 노란색으로 눈가에 원을 그린다.
02 | 입 주변을 따라 흰색으로 입모양을 크게 그린다.
03 | 빨간색으로 코를 그리고 입을 그린다.
04 | 검정색으로 눈가의 원에 풍선꼬리를 그리고 하이라이트를 주어 마무리한다.

전체 분장 **삐에로**

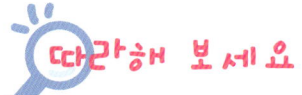
따라해 보세요

01 | 얼굴 전체에 흰색 베이스를 깔아준다.
02 | 보라색과 분홍색으로 양쪽 눈에 하트와 별 모양을 그린다.
03 | 빨간색으로 삐에로 입을, 한쪽 눈에 눈물 방울을 그린다.
04 | 글리터젤을 발라 반짝이는 효과를 만들어 완성한다.

01

02

03

04

글자 그리기 레드데블

 따라해 보세요

01 | 흰색 라인펜슬로 RED DEVIL 로고와 불꽃 문양을 그린다.
02 | 빨간색으로 글씨 안을 채운 후, 노란색으로 불꽃의 밑부분을 칠한다.
03 | 주황색과 빨간색을 불꽃 가운데와 윗부분에 그라데이션으로 칠한다.
04 | 검은색으로 로고와 불꽃의 외곽선을 그려 완성한다.

01

02

03

04

스텐실 장미

따라해 보세요

01 | 원하는 도안을 종이에 그린다.
02 | 종이 위에 필름지를 올리고 칼로 그림을 따라 오린다.
03 | 도안이 완성된 모습
04 | 도안을 얼굴에 댄 후 판의 구멍에 대고 물감을 묻힌 스펀지를 두드려 준다.
04 | 물감이 번지지 않도록 주의하여 판을 떼어내고 반짝이 가루나 글리터젤로 마무리한다.

01

02

03

04

레인보우 타투

따라해 보세요

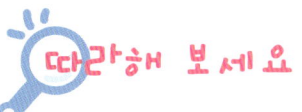

01 | 도안의 무늬가 있는 쪽을 원하는 부위에 댄 후 복사액을 충분히 발라서 누른다.
02 | 도안이 움직이지 않도록 주의하며 떼어낸다.
03 | 도안이 복사된 곳에 레인보우 타투용 본드를 고루 바른다.
04 | 본드가 살짝 마른 후에 레인보우 타투용 반짝이 가루를 덧바른다.
05 | 큰 브러시로 피부에 남은 반짝이를 털어내면 완성된다.

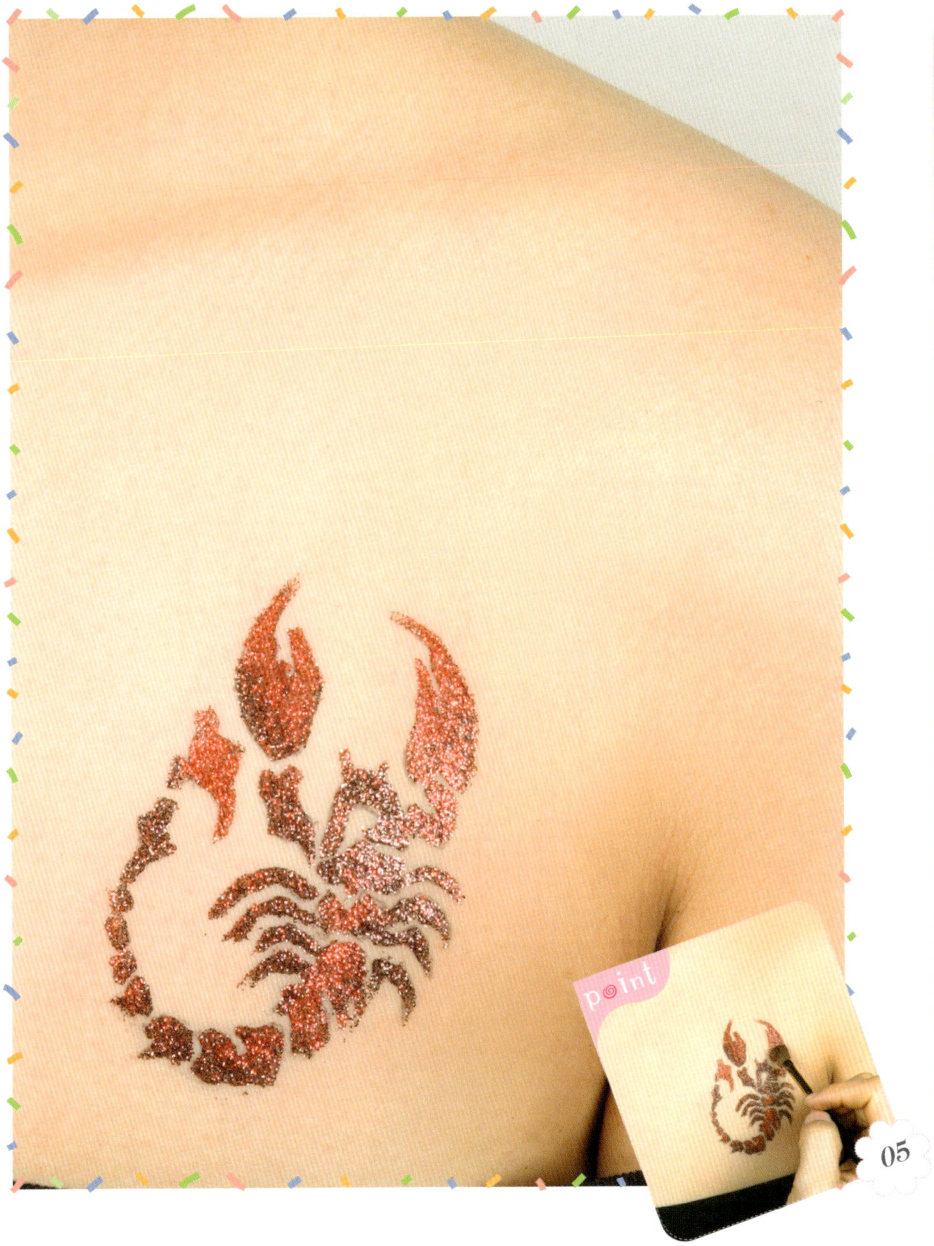

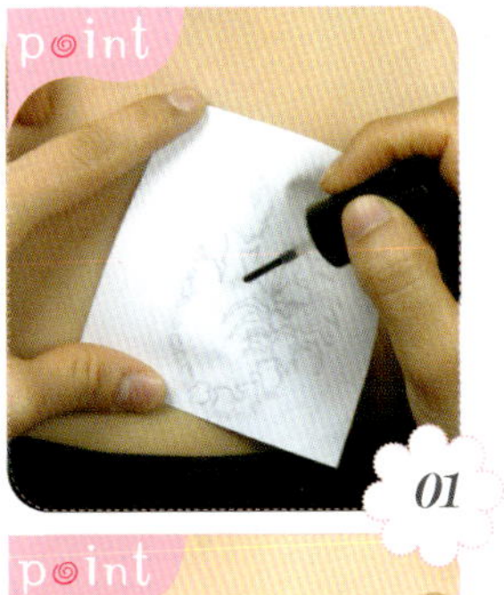

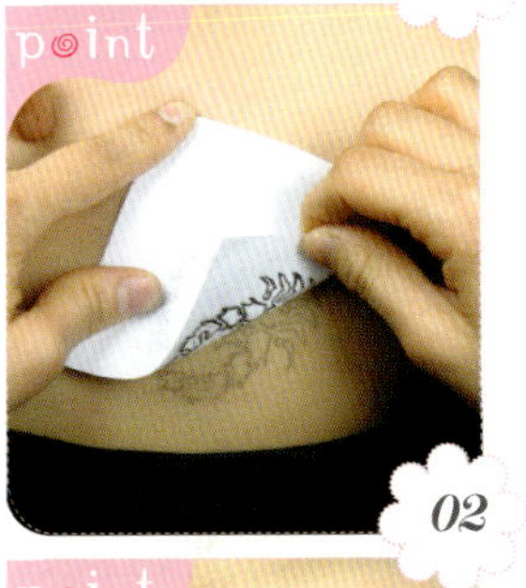

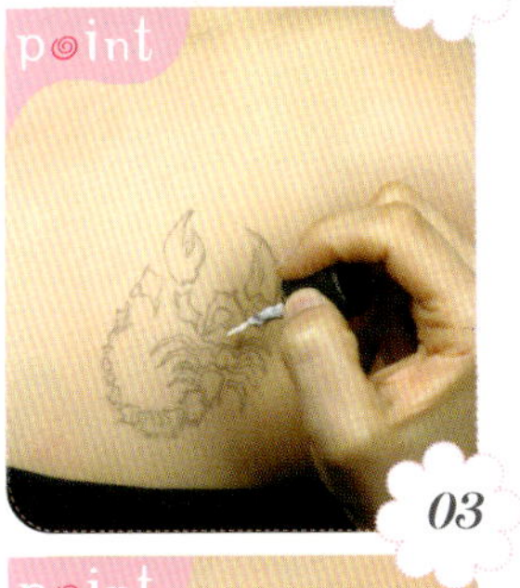

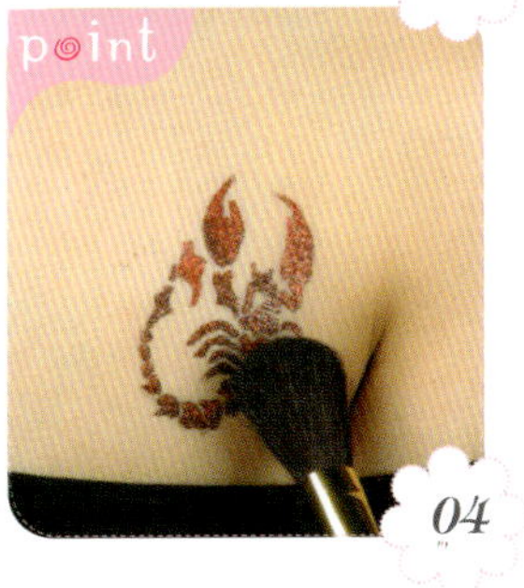

펄 타투

따라해 보세요

01 | 도안의 무늬가 있는 쪽을 원하는 부위에 댄 후 복사액을 충분히 발라서 눌러준다.
02 | 도안이 움직이지 않도록 주의하며 떼어낸다.
03 | 도안이 복사된 곳에 펄 타투용 잉크를 충분히 묻혀 채워준다.
04 | 잉크 위에 펄 타투용 펄가루를 발라준다.
05 | 큰 브러시로 피부에 남은 펄을 털어내면 잉크 위에만 펄이 남게 된다.

01

02

03

04

5

Face Painting

포토 갤러리

- 포토갤러리 / 곤충·응원 페인팅
- 포토갤러리 / 꽃·과일 페인팅
- 포토갤러리 / 할로윈·크리스마스
- 포토갤러리 / 캐릭터·바다동물
- 포토갤러리 / 부분분장·파티페인팅
- 포토갤러리 / 핸드페인팅 외
- 포토갤러리 / 템퍼러리 타투 외

포토갤러리 / 곤충 · 응원 페인팅

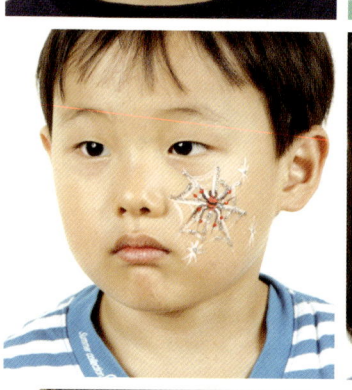

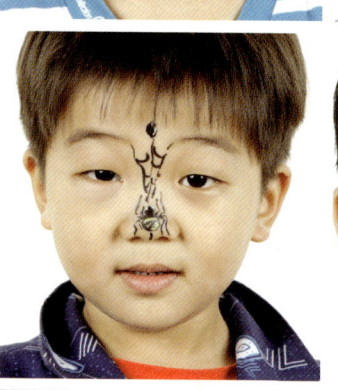

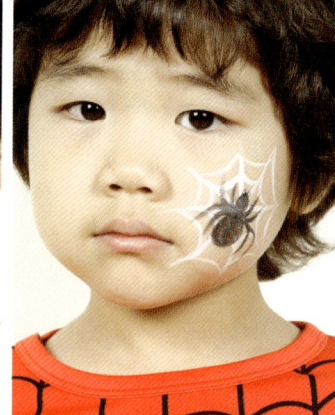
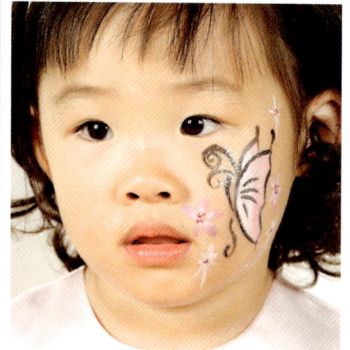

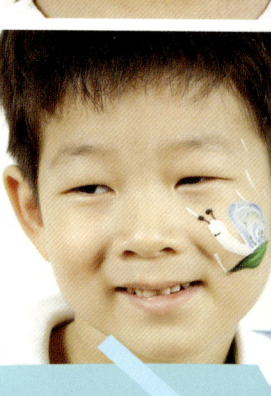

포토갤러리 / 꽃·과일 페인팅

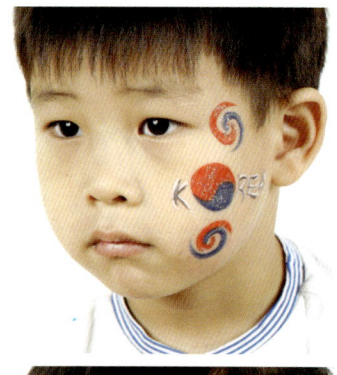

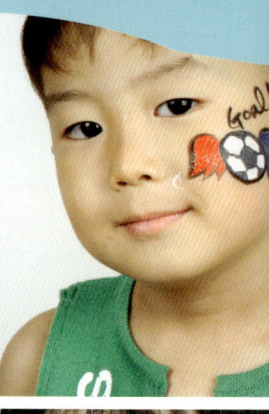
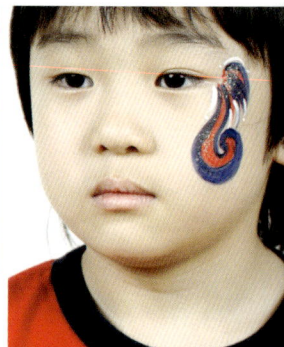

>>>> 포토갤러리

포토갤러리 / 할로윈·크리스마스

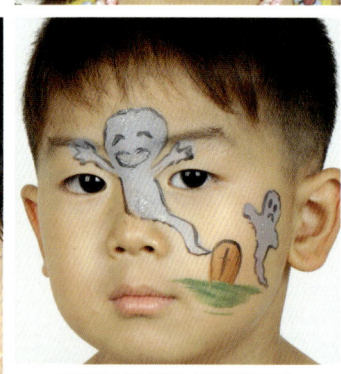
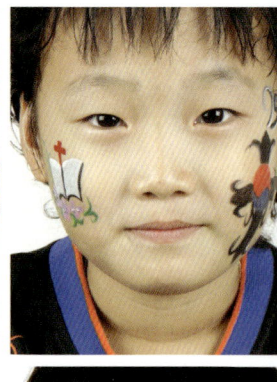
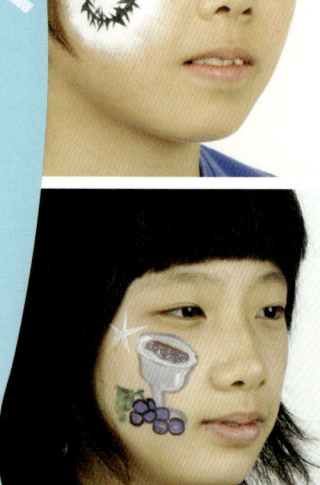

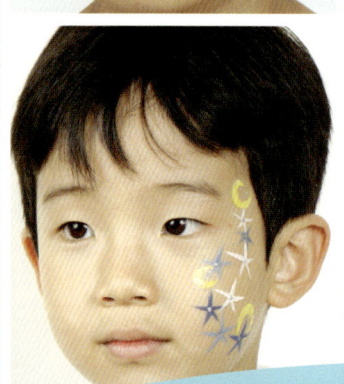

포토갤러리

포토갤러리 / 캐릭터·바다동물

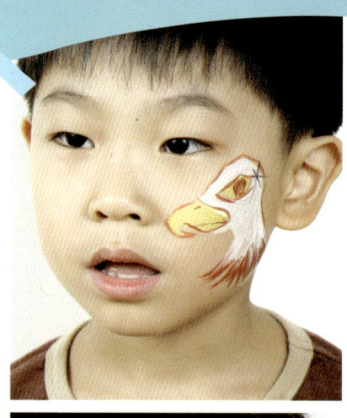

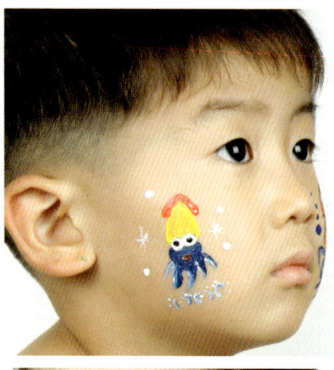

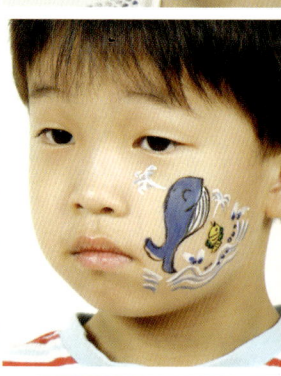

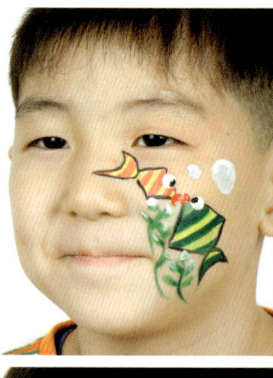

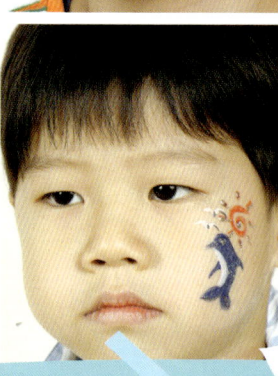

포토갤러리 / 부분분장 · 파티페인팅

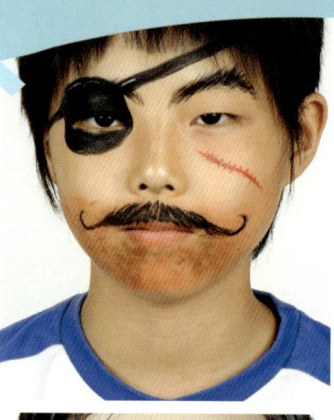

포토갤러리

포토갤러리 / 핸드페인팅 외

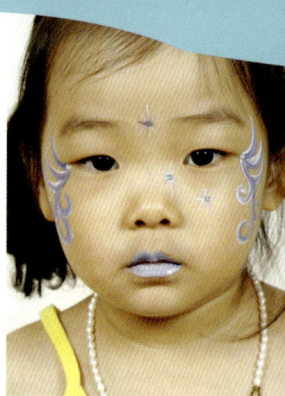

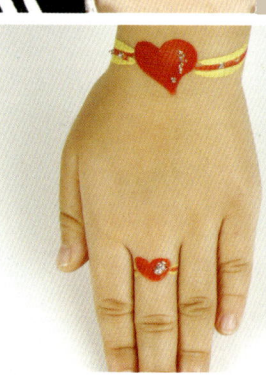

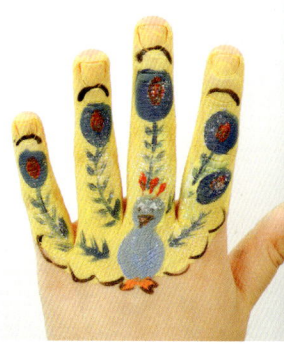
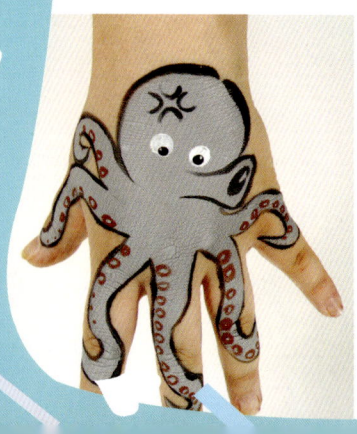
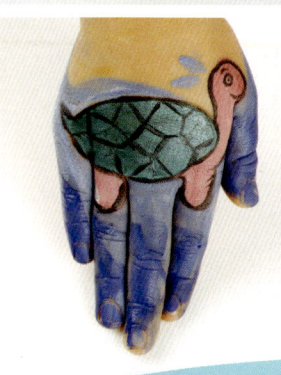

포토갤러리 / 템퍼러리 타투 외

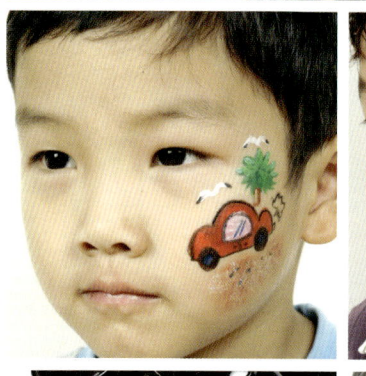
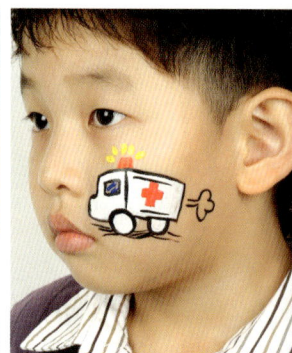
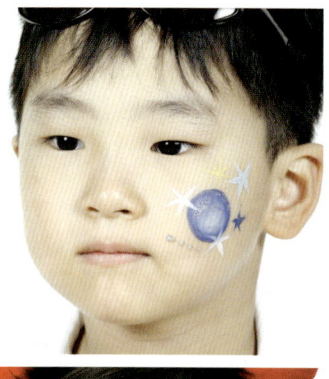

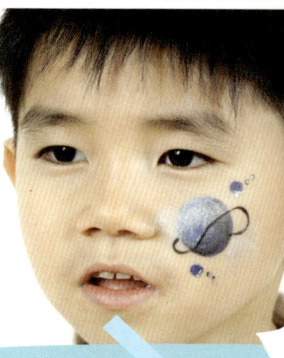

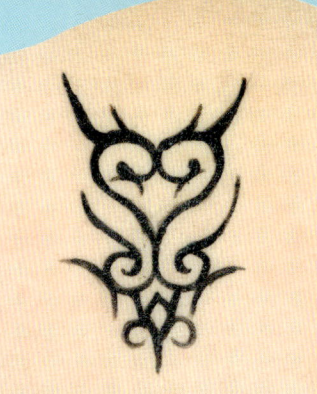
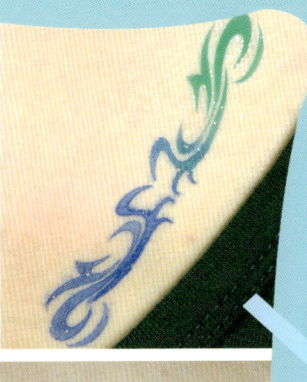

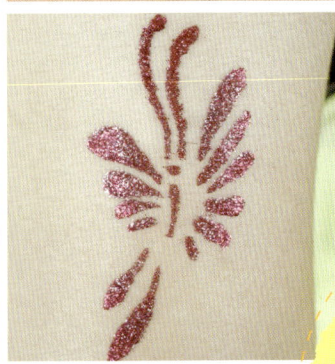

도움주신 분 : 두레유치원
송윤선
김희정
정소연
박민주
어린이 모델들

알록달록 **페이스페인팅** 기초

2010년 9월 5일 1판 1쇄
2018년 7월 5일 1판 2쇄

저자 : 권은희, 김재숙, 김희선, 박명숙,
유한진, 조현옥, 채미라(가나다순)
사진 : 구자익
펴낸이 : 이정일

펴낸곳 : 도서출판 **일진사**
www.iljinsa.com

(우)04317 서울시 용산구 효창원로 64길 6
대표전화 : 704-1616, 팩스 : 715-3536
등록번호 : 제1979-000009호(1979.4.2)

값 **15,000원**

ISBN : 978-89-429-1182-0

* 이 책에 실린 글이나 사진은 문서에 의한 출판사의
동의 없이 무단 전재·복제를 금합니다.

Face Painting